# Cozinhando sem Inflamação

Sabores deliciosos que ajudam a reduzir inflamações e doenças crônicas

Ana Silva

# Resumo

Ovos mexidos com cogumelos e espinafres ...................................... 19

Porções: 1 ............................................................................................ 19

Ingredientes: ....................................................................................... 19

Indicações: .......................................................................................... 19

Panquecas salgadas no café da manhã ............................................... 21

Porções: 4 ............................................................................................ 21

Ingredientes: ....................................................................................... 21

Indicações: .......................................................................................... 22

Frapê de Café Maple ........................................................................... 23

Porções: 2 ............................................................................................ 23

Ingredientes: ....................................................................................... 23

Indicações: .......................................................................................... 23

Muffins de Farinha de Amêndoa e Chocolate com Manteiga de Amendoim ........................................................................................... 24

Ingredientes: ....................................................................................... 24

Indicações: .......................................................................................... 24

delicioso tofu ...................................................................................... 26

Porções: 4 ............................................................................................ 26

Ingredientes: ....................................................................................... 26

Indicações: .......................................................................................... 26

Couve-flor com queijo e tomilho ......................................................... 28

Porções: 2 ............................................................................................ 28

Ingredientes: ....................................................................................... 28

Indicações: .......................................................................................... 29

| | |
|---|---|
| Muffins de Milho Doce | 30 |
| Porções: 1 | 30 |
| Ingredientes: | 30 |
| Indicações: | 30 |
| Semifreddo fresco e frutado | 32 |
| Porções: 2 | 32 |
| Ingredientes: | 32 |
| Tosta de Salmão com Cream Cheese Porções: 2 | 34 |
| Ingredientes: | 34 |
| Indicações: | 34 |
| Porções de aveia assada com nozes e banana | 35 |
| Porções: 9 | 35 |
| Ingredientes: | 35 |
| Indicações: | 36 |
| Batata e Feijão | 37 |
| Porções: 4 | 37 |
| Ingredientes: | 37 |
| Indicações: | 38 |
| Pêssegos Com Mel De Amêndoas E Ricota | 39 |
| Porções: 6 | 39 |
| Ingredientes: | 39 |
| Indicações: | 39 |
| pão de abobrinha | 41 |
| Porções: 6 | 41 |
| Ingredientes: | 41 |
| Indicações: | 42 |
| Porções de paus de canela e maçãs | 43 |

Porções: 4 .................................................................................................. 43

Ingredientes: ............................................................................................. 43

Indicações: ............................................................................................... 44

Porções de muffins de mirtilo ............................................................... 45

Porções: 10 ............................................................................................. 45

Ingredientes: ............................................................................................. 45

Indicações: ............................................................................................... 46

Porções de smoothie de mirtilo ............................................................. 47

Porções: 1 ............................................................................................... 47

Ingredientes: ............................................................................................. 47

Indicações: ............................................................................................... 47

Batata-doce recheada com maçã e canela Porções: 4 ........................ 49

Ingredientes: ............................................................................................. 49

Indicações: ............................................................................................... 50

Tomates recheados com ovos ............................................................... 51

Porções: 2 ............................................................................................... 51

Ingredientes: ............................................................................................. 51

Indicações: ............................................................................................... 52

Porções mexidas de couve açafrão ........................................................ 53

Porções: 1 ............................................................................................... 53

Ingredientes: ............................................................................................. 53

Indicações: ............................................................................................... 53

Caçarola de Queijo e Linguiça com Gustosa Marinara ........................ 55

Ingredientes: ............................................................................................. 55

Indicações: ............................................................................................... 55

Porções de Pudim de Chia com Leite Dourado: 4 ............................... 57

Ingredientes: ............................................................................................. 57

Indicações: ........................................................................................................ 58

Porções de Bolo de Cenoura: 2 ........................................................................ 59

Ingredientes: .................................................................................................... 59

Indicações: ........................................................................................................ 59

panquecas de mel ............................................................................................ 61

Porções: 2 ......................................................................................................... 61

Ingredientes: .................................................................................................... 61

Indicações: ........................................................................................................ 62

Crepes sem glúten Porções: 10 ........................................................................ 64

Ingredientes: .................................................................................................... 64

Indicações: ........................................................................................................ 65

Arroz de cenoura com ovo mexido .................................................................. 66

Porções: 3 ......................................................................................................... 66

Ingredientes: .................................................................................................... 66

Indicações: ........................................................................................................ 67

Batata doce no café da manhã ........................................................................ 69

Porções: 6 ......................................................................................................... 69

Ingredientes: .................................................................................................... 69

Indicações: ........................................................................................................ 69

Muffins de ovo com queijo feta e quinoa Porções: 12 .................................... 70

Ingredientes: .................................................................................................... 70

Indicações: ........................................................................................................ 71

Bolinhos salgados de grão de bico: 1 porção ................................................... 72

Ingredientes: .................................................................................................... 72

Indicações: ........................................................................................................ 72

Cúrcuma com leite: 2 porções ......................................................................... 74

Ingredientes: .................................................................................................... 74

Indicações: .................................................................................................. 74

Shakshuka verde: 4 porções ...................................................................... 75

Ingredientes: .............................................................................................. 75

Indicações: .................................................................................................. 76

Pão Proteico De Quinoa: ............................................................................ 78

Porções 12 .................................................................................................. 78

Ingredientes: .............................................................................................. 78

Indicações: .................................................................................................. 79

Muffins de Cenoura e Gengibre ................................................................. 81

Porções: 12 ................................................................................................. 81

Ingredientes: .............................................................................................. 81

Mingau de mel quente: 4 porções ............................................................. 83

Ingredientes: .............................................................................................. 83

Indicações: .................................................................................................. 83

Salada de café da manhã: .......................................................................... 84

4 porções .................................................................................................... 84

Ingredientes: .............................................................................................. 84

Indicações: .................................................................................................. 85

Quinoa rápida com sementes de canela e chia: ........................................ 86

2 porções .................................................................................................... 86

Ingredientes: .............................................................................................. 86

Indicações: .................................................................................................. 86

Waffles de batata-doce sem grãos ............................................................ 88

Porções: 2 ................................................................................................... 88

Ingredientes: .............................................................................................. 88

Indicações: .................................................................................................. 88

Omelete de cogumelos, quinoa e espargos .............................................. 90

Porções: 3 .................................................................................................. 90

Ingredientes: ............................................................................................ 90

Indicações: .............................................................................................. 91

Ovos Rancheros: 3 porções ..................................................................... 92

Ingredientes: ............................................................................................ 92

Indicações: .............................................................................................. 93

Omelete de cogumelos e espinafres ....................................................... 94

Porções: 2 .................................................................................................. 94

Ingredientes: ............................................................................................ 94

Indicações: .............................................................................................. 94

Waffles de Banana e Abóbora ................................................................. 96

Porções: 4 .................................................................................................. 96

Ingredientes: ............................................................................................ 96

Indicações: .............................................................................................. 97

Ovos mexidos com salmão defumado Porções: 2 .................................. 98

Ingredientes: ............................................................................................ 98

Indicações: .............................................................................................. 98

Risoto cremoso de parmesão com cogumelos e couve-flor ................... 99

Ingredientes: ............................................................................................ 99

Indicações: .............................................................................................. 99

Rancho de Brócolis Assado com Cheddar ............................................ 101

Porções: 2 ................................................................................................ 101

Ingredientes: .......................................................................................... 101

Indicações: ............................................................................................ 101

Mingau super proteico ........................................................................... 103

Porções: 2 ................................................................................................ 103

Ingredientes: .......................................................................................... 103

Indicações: ....................................................................................................... 104

Aveia com manga e coco ..................................................................... 105

Porções: 1 ............................................................................................. 105

Ingredientes: ........................................................................................ 105

Indicações: ........................................................................................... 105

Porções de omelete de cogumelos e espinafres ................................. 107

Porções: 4 ............................................................................................. 107

Ingredientes: ........................................................................................ 107

Indicações: ........................................................................................... 107

Maçãs com canela cozidas no vapor ................................................... 109

Porções: 6 ............................................................................................. 109

Ingredientes: ........................................................................................ 109

Indicações: ........................................................................................... 109

pão de milho integral .......................................................................... 110

Porções: 8 ............................................................................................. 110

Ingredientes: ........................................................................................ 110

Indicações: ........................................................................................... 111

Omelete de tomate ............................................................................. 112

Porções: 1 ............................................................................................. 112

Ingredientes: ........................................................................................ 112

Indicações: ........................................................................................... 112

Aveia com açúcar mascavo e canela .................................................. 114

Porções: 4 ............................................................................................. 114

Ingredientes: ........................................................................................ 114

Indicações: ........................................................................................... 114

Mingau com peras assadas ................................................................. 116

Porções: 2 ............................................................................................. 116

Ingredientes: ........................................................................................... 116

Indicações: ............................................................................................ 117

Crepes com creme doce .................................................................... 119

Porções: 2 ............................................................................................. 119

Ingredientes: ........................................................................................ 119

Indicações: ........................................................................................... 119

panquecas de aveia ............................................................................ 121

Porções: 1 ............................................................................................. 121

Ingredientes: ........................................................................................ 121

Indicações: ........................................................................................... 121

Deliciosa aveia com aroma de bordo ............................................... 123

Porções: 4 ............................................................................................. 123

Ingredientes: ........................................................................................ 123

Indicações: ........................................................................................... 123

Smoothie de morango e kiwi ............................................................. 125

Porções: 1 ............................................................................................. 125

Ingredientes: ........................................................................................ 125

Indicações: ........................................................................................... 125

Mingau de linhaça com canela ......................................................... 126

Porções: 4 ............................................................................................. 126

Ingredientes: ........................................................................................ 126

Indicações: ........................................................................................... 127

Barras de café da manhã com mirtilo e batata doce Porção: 8 ............. 128

Ingredientes: ........................................................................................ 128

Indicações: ........................................................................................... 128

Aveia assada com especiarias de abóbora ..................................... 130

Porções: 6 ............................................................................................. 130

Ingredientes: .................................................................................................. 130

Indicações: ..................................................................................................... 131

Ovos mexidos com espinafre e tomate ................................................. 132

Porções: 1 ...................................................................................................... 132

Ingredientes: .................................................................................................. 132

Indicações: ..................................................................................................... 132

Smoothie tropical de cenoura, gengibre e açafrão ............................. 134

Porções: 1 ...................................................................................................... 134

Ingredientes: .................................................................................................. 134

Indicações: ..................................................................................................... 135

Torrada francesa com canela e baunilha ............................................... 136

Porções: 4 ...................................................................................................... 136

Ingredientes: .................................................................................................. 136

Indicações: ..................................................................................................... 136

delicioso peru ............................................................................................... 138

Porções: 4 ...................................................................................................... 138

Ingredientes: .................................................................................................. 138

Indicações: ..................................................................................................... 139

Espaguete com Queijo, Manjericão e Pesto .......................................... 141

Ingredientes: .................................................................................................. 141

Indicações: ..................................................................................................... 141

Smoothie de laranja e pêssego ................................................................ 143

Porções: 2 ...................................................................................................... 143

Ingredientes: .................................................................................................. 143

Indicações: ..................................................................................................... 143

Muffins de Banana e Manteiga de Amêndoa ....................................... 144

Porções: 6 ...................................................................................................... 144

Ingredientes: .................................................................................................. 144
Indicações: ..................................................................................................... 145
ricota inglesa ................................................................................................ 146
Porções: 1 ...................................................................................................... 146
Ingredientes: .................................................................................................. 146
Indicações: ..................................................................................................... 146
Smoothie anti-inflamatório de espinafre e cereja Porções: 1 ............... 148
Ingredientes: .................................................................................................. 148
Indicações: ..................................................................................................... 148
Shakshuka Picante ...................................................................................... 150
Porções: 4 ...................................................................................................... 150
Ingredientes: .................................................................................................. 150
Indicações: ..................................................................................................... 151
Leite Dourado por 5 minutos .................................................................... 153
Porções: 1 ...................................................................................................... 153
Ingredientes: .................................................................................................. 153
Indicações: ..................................................................................................... 154
Aveia simples no café da manhã .............................................................. 155
Porções: 1 ...................................................................................................... 155
Ingredientes: .................................................................................................. 155
Indicações: ..................................................................................................... 155
rosquinhas de proteína de cúrcuma ........................................................ 157
Porções: 8 ...................................................................................................... 157
Ingredientes: .................................................................................................. 157
Indicações: ..................................................................................................... 157
Cheddar Kale Frittata ................................................................................. 159
Porções: 6 ...................................................................................................... 159

Ingredientes:....................................................................................................159

Indicações:......................................................................................................159

omelete mediterrânea ..................................................................................161

Porções: 6.......................................................................................................161

Ingredientes:..................................................................................................161

Indicações:......................................................................................................162

Porções de Trigo Sarraceno Canela Gengibre Porções: 5 ......................163

Ingredientes:..................................................................................................163

Indicações:......................................................................................................164

panquecas de coentro ..................................................................................165

Porções: 6.......................................................................................................165

Ingredientes:..................................................................................................165

Indicações:......................................................................................................166

Smoothie de toranja e framboesa Porções: 1 ..........................................167

Ingredientes:..................................................................................................167

Indicações:......................................................................................................167

Porções de Granola de Manteiga de Amendoim .....................................168

Porções: 8.......................................................................................................168

Ingredientes:..................................................................................................168

Indicações:......................................................................................................168

Ovos mexidos assados com açafrão Porções: 6 .......................................170

Ingredientes:..................................................................................................170

Indicações:......................................................................................................170

Porção de farelo de chia e aveia no café da manhã: Porção: 2...............172

Ingredientes:..................................................................................................172

Indicações:......................................................................................................172

Muffins de ruibarbo, maçã e gengibre .......................................................174

Porções: 8 .................................................................................................. 174

Ingredientes: ........................................................................................... 174

Cereais e frutas no café da manhã .......................................................... 177

Porções: 6 .................................................................................................. 177

Ingredientes: ........................................................................................... 177

Indicações: ............................................................................................... 177

Bruschetta com tomate e manjericão ..................................................... 179

Porções: 8 .................................................................................................. 179

Ingredientes: ........................................................................................... 179

Indicações: ............................................................................................... 179

Panquecas de Coco e Canela ................................................................... 181

Porções: 2 .................................................................................................. 181

Ingredientes: ........................................................................................... 181

Indicações: ............................................................................................... 181

Avelã Cranberry Banana Aveia: Porções: 6 ............................................. 183

Ingredientes: ........................................................................................... 183

Indicações: ............................................................................................... 184

Torradas com ovo escalfado e salmão .................................................... 185

Porções: 2 .................................................................................................. 185

Ingredientes: ........................................................................................... 185

Indicações: ............................................................................................... 185

Pudim com sementes de chia e canela ................................................... 187

Porções: 2 .................................................................................................. 187

Ingredientes: ........................................................................................... 187

Indicações: ............................................................................................... 187

ovos e queijo ............................................................................................ 188

Porções: 1 .................................................................................................. 188

Ingredientes: .................................................................................. 188
Indicações: ..................................................................................... 188
Hash Browns Tex-Mex ................................................................. 190
Porções: 4 ..................................................................................... 190
Ingredientes: .................................................................................. 190
Indicações: ..................................................................................... 190
Shirataki com Abacate e Creme ................................................. 192
Porções: 2 ..................................................................................... 192
Ingredientes: .................................................................................. 192
Indicações: ..................................................................................... 192
Deliciosas porções de mingau .................................................... 194
Porções: 2 ..................................................................................... 194
Ingredientes: .................................................................................. 194
Indicações: ..................................................................................... 195
Panquecas de farinha de amêndoa com queijo creme ............ 196
Porções: 2 ..................................................................................... 196
Ingredientes: .................................................................................. 196
Indicações: ..................................................................................... 196
Muffins de Queijo com Sementes de Linhaça e Sementes de Cânhamo
Porções: 2 ..................................................................................... 198
Ingredientes: .................................................................................. 198
Indicações: ..................................................................................... 199
Waffles de couve-flor com queijo e cebolinha ......................... 201
Porções: 2 ..................................................................................... 201
Ingredientes: .................................................................................. 201
Indicações: ..................................................................................... 201
Sanduíches de café da manhã .................................................... 203

Porções: 1 ............ 203
Ingredientes: ............ 203
Indicações: ............ 203
Muffins vegetarianos salgados ............ 204
Porções: 5 ............ 204
Ingredientes: ............ 204
Indicações: ............ 205
panquecas de abobrinha ............ 207
Porções: 8 ............ 207
Ingredientes: ............ 207
Indicações: ............ 208
Hambúrguer com ovo e abacate ............ 209
Porções: 1 ............ 209
Ingredientes: ............ 209
Indicações: ............ 209
Espinafre saboroso e cremoso ............ 211
Porções: 2 ............ 211
Ingredientes: ............ 211
Indicações: ............ 211
Aveia Especial Maçã Canela ............ 213
Porções: 2 ............ 213
Ingredientes: ............ 213
Indicações: ............ 213
Ovo e legumes (bomba anti-inflamatória) ............ 215
Porções: 4 ............ 215
Ingredientes: ............ 215
Indicações: ............ 216

## Ovos mexidos com cogumelos e espinafres

## Porções: 1

## Ingredientes:

2 claras de ovo

1 fatia de torrada integral

½ c. cogumelos frescos fatiados

2 colheres de sopa. Queijo americano sem gordura ralado

Pimenta

1 colher de chá. azeite

1 c. espinafre fresco picado

1 ovo inteiro

## Indicações:

1. Em fogo médio-alto, coloque uma frigideira antiaderente e adicione o óleo. Agite o óleo para cobrir a panela e aqueça por um minuto.

2. Adicione os espinafres e os cogumelos. Refogue até o espinafre murchar, cerca de 2 a 3 minutos.

3. Enquanto isso, em uma tigela, bata bem o ovo, as claras e o queijo.

Tempere com pimenta.

4. Despeje a mistura de ovos na panela e mexa até que os ovos estejam cozidos, cerca de 3 a 4 minutos.

5. Sirva e delicie-se com uma torrada integral.

Informação nutricional:Calorias: 290,6, Gordura: 11,8 g, Carboidratos: 21,8 g, Proteína: 24,3 g, Açúcares: 1,4 g, Sódio: 1000 mg

## Panquecas salgadas no café da manhã

## Porções: 4

Tempo de cozimento: 6 minutos

## Ingredientes:

½ xícara de farinha de amêndoa

½ xícara de farinha de tapioca

1 xícara de leite de coco

½ colher de chá de pimenta em pó

¼ colher de chá de açafrão em pó

½ cebola roxa, picada

1 punhado de folhas de coentro, picadas

½ polegada de gengibre, ralado

1 colher de chá de sal

¼ colher de chá de pimenta preta moída

## *Indicações:*

1. Em uma tigela, misture todos os ingredientes até ficarem bem misturados.

2. Aqueça uma frigideira em fogo médio-baixo e unte com óleo.

3. Despeje ¼ xícara da massa na assadeira e espalhe a mistura para criar uma panqueca.

4. Frite por 3 minutos de cada lado.

5. Repita até que a massa esteja pronta.

<u>Informação nutricional:</u>Calorias 108 Gordura total 2 g Gordura saturada 1 g Carboidratos totais 20 g Carboidratos líquidos 19,5 g Proteína 2 g Açúcar: 4 g Fibra: 0,5 g Sódio: 37 mg Potássio 95 mg

## Frapê de Café Maple

## Porções: 2

## Ingredientes:

1 colher de sopa. cacau em pó sem açúcar

½ c. leite com baixo teor de gordura

2 colheres de sopa. Xarope de bordo puro

½ c. café fresco

1 banana pequena madura

1 c. iogurte de baunilha com baixo teor de gordura

## Indicações:

1. Coloque a banana no liquidificador ou processador de alimentos e bata.

2. Adicione os ingredientes restantes e bata até obter uma mistura lisa e cremosa.

3. Sirva imediatamente.

Informação nutricional: Calorias: 206, Gordura: 2 g, Carboidratos: 38 g, Proteína: 6 g, Açúcares: 17 g, Sódio: 65 mg

# Muffins de Farinha de Amêndoa e Chocolate com Manteiga de Amendoim

## Porções: 6

Tempo de cozimento: 25 minutos

## Ingredientes:

1 xícara de farinha de amêndoa

1 colher de chá de fermento em pó

1/8 colher de chá de sal

½ xícara de eritritol

1/3 xícara de leite de amêndoa, sem açúcar

2 ovos orgânicos

1/3 xícara de manteiga de amendoim, sem açúcar

2 colheres de sopa de grãos de cacau

## Indicações:

1. Ligue o forno, ajuste a temperatura para 350°F e deixe pré-aquecer.

2. Enquanto isso, coloque a farinha em uma tigela, acrescente o fermento, o sal e o eritritol e misture até ficar homogêneo.

3. Em seguida, despeje o leite, adicione os ovos e a manteiga de amendoim, bata até incorporar e depois incorpore os grãos de cacau.

4. Pegue uma forma de muffin com capacidade para seis xícaras, forre as forminhas com a forma de muffin, encha-as uniformemente com a massa preparada e leve ao forno por 25 minutos até que os muffins estejam cozidos e dourados.

5. Quando terminar, transfira os muffins para uma gradinha para esfriar completamente, embrulhe cada muffin em papel alumínio e leve à geladeira por até cinco dias.

6. Sirva os muffins quando estiverem prontos para comer.

Informação nutricional: Calorias 265, gordura total 20,5g, carboidratos totais 2g, proteína 7,5g

## delicioso tofu

## Porções: 4

Tempo de cozimento: 20 minutos

## Ingredientes:

2 colheres de chá de óleo de gergelim torrado

1 colher de chá de vinagre de arroz

2 colheres de sopa de molho de soja com baixo teor de sódio

½ colher de chá de cebola em pó

1 colher de chá de alho em pó

1 bloco de tofu, em cubos

1 colher de fécula de batata

## Indicações:

1. Em uma tigela, misture todos os ingredientes, exceto o tofu e a fécula de batata.

2. Misture bem.

3. Adicione o tofu à tigela.

4. Deixe marinar por 30 minutos.

5. Polvilhe o tofu com fécula de batata.

6. Adicione o tofu à cesta da fritadeira.

7. Frite a 370 graus F por 20 minutos, agitando na metade.

## Couve-flor com queijo e tomilho

## Porções: 2

Tempo de cozimento: 15 minutos

## Ingredientes:

½ xícara de mussarela ralada

¼ xícara de parmesão ralado

¼ cabeça grande de couve-flor

½ xícara de couve crespa

1 ovo orgânico grande

1 talo de cebolinha verde

½ colher de sopa de azeite

½ colher de chá de alho em pó

¼ colher de chá de sal

½ colher de sopa de sementes de gergelim

1 colher de chá de tomilho fresco, picado

¼ colher de chá de pimenta preta rachada

## *Indicações:*

1. Coloque a couve-flor em um processador de alimentos, adicione a cebolinha, a couve-rábano e o tomilho e bata por 2 a 3 minutos até ficar homogêneo.

2. Despeje a mistura em uma tigela, adicione os ingredientes restantes e mexa até misturar.

3. Acenda a forma de waffle, unte com óleo e, quando estiver bem quente, despeje metade da massa preparada, feche a tampa e leve ao forno até dourar e firmar.

4. Quando terminar, transfira os waffles para um prato e cozinhe outro waffle da mesma maneira usando a massa restante.

5. Sirva imediatamente.

<u>Informação nutricional:</u>Calorias 144, Carboidratos Totais 8,5, Gordura Total 9,4g, Proteína 9,3g, Açúcar 3g, Sódio 435mg

# Muffins de Milho Doce

## Porções: 1

## Ingredientes:

1 colher de sopa. fermento em pó sem sódio

¾ c. leite não lácteo

1 colher de chá. Extrato de baunilha puro

½ c. açúcar

1 c. farinha integral branca

1 c. farinha de milho

½ c. óleo de canola

## Indicações:

1. Pré-aqueça o forno a 400 ° F. Forre uma forma de 12 muffins com papel alumínio e reserve.

2. Coloque o fubá, a farinha, o açúcar e o fermento em uma tigela e misture bem.

3. Adicione o leite não lácteo, o óleo e a baunilha e misture bem.

4. Divida a massa igualmente entre as forminhas de muffin. Coloque a forma de muffin na prateleira do meio do forno e asse por 15 minutos.

5. Retire do forno e coloque sobre uma grade para esfriar.

Informação nutricional:Calorias: 203, Gordura: 9 g, Carboidratos: 26 g, Proteína: 3 g, Açúcares: 9,5 g, Sódio: 255 mg

# Semifreddo fresco e frutado

## Porções: 2

Tempo de cozimento: 0 minutos

## Ingredientes:

½ xícara de framboesas frescas

Uma pitada de canela

1 colher de chá de maple syrup

2 colheres de sopa de sementes de chia

16 onças de iogurte natural

Fruta fresca: amoras, nectarinas ou morangos fatiadosIndicações:

1. Usando um garfo, amasse as framboesas em uma tigela até obter uma consistência de geléia. Adicione a canela, o xarope e as sementes de chia. Continue amassando até incorporar todos os ingredientes. Pôr de lado.

2. Em dois copos de servir, alterne camadas de iogurte e da mistura.

Decore com fatias de frutas frescas.

Informação nutricional:Calorias 315 Gordura: 8,7 g Proteína: 19,6 g Sódio: 164 mg Carboidratos totais: 45,8 g Fibra dietética: 6,5 g

# *Tosta de Salmão com Cream Cheese Porções: 2*

Tempo de cozimento: 2 minutos

## *Ingredientes:*

Torrada integral ou de centeio, duas fatias

Cebola roxa, finamente picada, duas colheres de sopa

Queijo creme, baixo teor de gordura, duas colheres de sopa

Flocos de manjericão, meia colher de chá

Rúcula ou espinafre picado, 1/2 xícara

Salmão defumado, duas onças

## *Indicações:*

1. Toste o pão de trigo. Misture o cream cheese e o manjericão e espalhe essa mistura nas torradas. Adicione o salmão, a rúcula e a cebola.

Informação nutricional:Calorias 291 gordura 15,2 gramas carboidratos 17,8 gramas de açúcar 3 gramas

## Porções de aveia assada com nozes e banana

## Porções: 9

Tempo de cozimento: 40 minutos

## Ingredientes:

Aveia em flocos - 2,25 xícaras

Banana amassada - 1 xícara

Ovos - 2

Pasta de tâmaras - 2 colheres de sopa

óleo de soja - 3 colheres de sopa

Leite de amêndoa, sem açúcar - 1 xícara

Extrato de baunilha - 1 colher de chá

Sal marinho - 0,5 colher de chá

Canela - 1 colher de chá

Fermento em pó - 1 colher de chá

Nozes picadas - 0,5 xícara

## *Indicações:*

1. Aqueça o forno a 350 graus Fahrenheit e unte ou forre uma assadeira de oito por oito com papel manteiga para evitar que grude.

2. Em uma tigela, misture a pasta de tâmaras com o purê de banana, o leite de amêndoa, os ovos, o óleo de soja e a baunilha. Bata esta mistura até que a pasta de tâmaras esteja completamente combinada com os outros ingredientes sem grumos. Mas pedaços do purê de banana são bons.

3. Misture a aveia em flocos, a canela, o sal marinho e o fermento em pó na mistura de banana e, em seguida, dobre delicadamente as nozes picadas.

4. Assim que a banana e a aveia estiverem combinadas, espalhe a mistura no fundo da assadeira preparada e coloque a assadeira no centro do forno quente. Deixe cozinhar até que a aveia esteja dourada e firme, cerca de trinta a trinta e cinco minutos. Retire o prato de aveia assada do forno e deixe esfriar por pelo menos cinco minutos antes de servir. Para ser apreciado sozinho ou com frutas frescas e iogurte.

## Batata e Feijão

## Porções: 4

Tempo de cozimento: 50 minutos

## Ingredientes:

Batatas em cubos - 4 xícaras

Cogumelos fatiados - 0,5 xícara

pimentão em cubos - 1

Abobrinha em cubos - 1 xícara

Abóbora amarela, em cubos - 1 xícara

Feijão carioca, cozido - 1,75 xícara

Pimenta preta, moída - 0,25 colher de chá

Páprica moída - 0,5 colher de chá

Sal marinho - 0,5 colher de chá

Cebola em pó - 1,5 colher de chá

Alho em pó - 1,5 colher de chá

## *Indicações:*

1. Aqueça o forno a 425 graus Fahrenheit e forre uma assadeira grande de alumínio com papel manteiga.

2. Adicione as batatas aos cubos no tabuleiro e tempere com sal marinho e pimenta preta. Coloque as batatas em cubos temperadas no forno para assar por vinte e cinco minutos. Retire as batatas e misture bem.

3. Enquanto isso, misture os demais ingredientes do hash em uma frigideira grande que possa ir ao forno. Depois de refogar as batatas parcialmente assadas, leve ao forno a assadeira de batatas e a assadeira de legumes. Deixe as duas porções de hash assar por mais quinze minutos.

4. Retire a frigideira e a frigideira do forno e misture o conteúdo da frigideira com as batatas assadas. Sirva sozinho ou com ovos.

# Pêssegos Com Mel De Amêndoas E Ricota

## Porções: 6

Tempo de cozimento: 0 minutos

## Ingredientes:

Propagação

Queijo cottage, leite desnatado, um copo

Mel, uma colher de chá

Amêndoas, em fatias finas, meia xícara

Extrato de amêndoa, um quarto de colher de chá

Servir

Pêssegos, fatiados, uma xícara

Pão integral, bagels ou torradas

## Indicações:

1. Misture o extrato de amêndoa, o mel, a ricota e as amêndoas. Espalhe uma colherada desta mistura no pão torrado e cubra com os pêssegos.

Informação nutricional: Calorias 230 Proteína 9 gramas Gordura 8 gramas Carboidratos 37 gramas Fibra 3 gramas Açúcar 34 gramas

## pão de abobrinha

## Porções: 6

Tempo de cozimento: 70 minutos

## Ingredientes:

Farinha de trigo branca - 2 xícaras

Bicarbonato de sódio - 1 colher de chá

Fermento em pó - 2 colheres de chá

Sal marinho - 0,5 colher de chá

Canela, moída - 2 colheres de chá

Ovo, grande - 1

Extrato de baunilha - 1 colher de chá

Compota de maçã, sem açúcar - 0,5 xícara

Abobrinha ralada - 2 xícaras

Adoçante Lakanto Monk Fruit - 0,75 xícara

## *Indicações:*

1. Aqueça o forno a 350 graus Fahrenheit e forre uma assadeira de nove por cinco polegadas com pergaminho ou unte-a.

2. Em uma tigela grande, misture o purê de maçã, a abobrinha, o extrato de baunilha, o adoçante de monge, o ovo e o extrato de baunilha. Em uma assadeira separada, misture os ingredientes secos para que o fermento ou o refrigerante não grudem.

3. Adicione os ingredientes secos misturados para o pão de abobrinha aos ingredientes molhados e bata delicadamente os dois juntos, apenas até ficarem bem misturados.

Raspe a panela para amassar a massa, despejando o conteúdo na panela preparada.

4. Coloque o pão de abobrinha no forno e deixe assar até que esteja bem cozido. Está pronto quando, uma vez inserido, um palito pode ser removido de forma limpa - cerca de uma hora.

5. Retire a assadeira com a abobrinha do forno e deixe esfriar por dez minutos antes de retirar o pão de abobrinha da assadeira e transfira-o para uma gradinha para finalizar o resfriamento. Espere o pão de abobrinha esfriar completamente antes de cortar.

## Porções de paus de canela e maçãs

## Porções: 4

Tempo de cozimento: 35 minutos

## Ingredientes:

Aveia - 1 xícara

Canela moída - 1 colher de chá

Fermento em pó - 0,5 colher de chá

Bicarbonato de sódio - 0,5 colher de chá

Extrato de baunilha - 1 colher de chá

Sal marinho - 0,125 colher de chá

Adoçante de fruta monge Lakanto - 3 colheres de sopa de maçã, descascada e cortada em cubos - 1

Iogurte, regular - 3 colheres de sopa

óleo de soja - 1 colher de sopa

Ovos - 2

## *Indicações:*

1. Aqueça o forno a 350 graus Fahrenheit e forre uma assadeira quadrada de 20 por 20 cm com papel manteiga de cozinha.

2. No liquidificador, adicione três quartos da aveia e o restante dos ingredientes. Misture até ficar homogêneo e, em seguida, use uma espátula para incorporar a última aveia restante. Despeje a mistura na assadeira preparada e coloque-a no centro do forno para cozinhar até que as barras de maçã e canela estejam cozidas, cerca de vinte e cinco a trinta minutos. As barras estão prontas quando uma faca ou palito é inserido e removido de forma limpa.

3. Retire a forma de Pão de Maçã e Canela do forno e deixe as barras esfriarem completamente antes de fatiar e levar à geladeira.

Embora você possa comer essas barras em temperatura ambiente, elas são melhores quando você as deixa esfriar um pouco primeiro.

## Porções de muffins de mirtilo

## Porções: 10

Tempo de cozimento: 22-25 minutos

## Ingredientes:

2½ xícaras de farinha de amêndoa

1 colher de sopa de farinha de coco

½ colher de chá de bicarbonato de sódio

3 colheres de sopa de canela em pó, divididas

sal a gosto

2 ovos orgânicos

¼ xícara de leite de coco

¼ xícara de óleo de coco

¼ xícara de xarope de bordo

1 colher de sopa de aroma de baunilha orgânico

1 xícara de mirtilos frescos

## Indicações:

1. Pré-aqueça o forno a 350 graus F. Unte 10 xícaras de uma forma grande de muffin.

2. Em uma tigela grande, misture as farinhas, o bicarbonato de sódio, 2 colheres de sopa de canela e o sal.

3. Em outra tigela, adicione os ovos, leite, óleo, xarope de bordo e baunilha e bata até misturar.

4. Adicione a mistura de ovos à mistura de farinha e misture bem.

5. Junte os mirtilos.

6. Organize uniformemente a combinação em forminhas de muffin preparadas.

7. Polvilhe a canela uniformemente.

8. Asse por aproximadamente 22-25 minutos ou até que um palito inserido no centro saia limpo.

Informação nutricional:Calorias: 328, Gordura: 11g, Carboidratos: 29g, Fibra: 5g, Proteína: 19g

## Porções de smoothie de mirtilo

## Porções: 1

Tempo de cozimento: 0 minutos

## Ingredientes:

1 banana, descascada

2 punhados de espinafre baby

1 colher de sopa de manteiga de amêndoa

½ xícara de mirtilos

¼ colher de chá de canela em pó

1 colher de chá de maca em pó

½ xícara de água

½ xícara de leite de amêndoa, sem açúcar

## Indicações:

1. No liquidificador, bata o espinafre com a banana, os mirtilos, a manteiga de amêndoa, a canela, a maca em pó, a água e o leite. Misture bem, despeje em um copo e sirva.

2. Divirta-se!

<u>Informação nutricional:</u>calorias 341, gordura 12, fibra 11, carboidratos 54, proteína 10

## Batata-doce recheada com maçã e canela

## Porções: 4

Tempo de cozimento: 10 minutos

## Ingredientes:

Batata doce assada - 4

Maçãs vermelhas em cubos - 3

Água - 0,25 xícara

Sal marinho - pitada

Canela moída - 1 colher de chá

Cravo moído - 0,125 colher de chá

Gengibre, moído - 0,5 colher de chá

Nozes, picadas - 0,25 xícara

Manteiga de amêndoa - 0,25 xícara

## *Indicações:*

1. Em uma frigideira antiaderente grande, misture as maçãs com a água, o sal marinho, os temperos e as nozes. Cubra as maçãs com uma tampa bem ajustada e deixe ferver por cerca de 5-7 minutos, até ficarem macias.

O tempo exato de cozimento das maçãs condimentadas dependerá do tamanho das fatias de maçã e da variedade de maçãs que você usar.

2. Corte as batatas-doces assadas ao meio, dispondo cada metade em uma travessa. Quando as maçãs estiverem cozidas, cubra com as batatas-doces e regue com a manteiga de amêndoa.

Sirva ainda quente.

## Tomates recheados com ovos

## Porções: 2

Tempo de cozimento: 40 minutos

## Ingredientes:

Tomates, grandes, maduros - 2

Ovos - 2

Parmesão ralado - 0,25 xícara

Cebola verde, fatiada - 3

Alho picado - 2 dentes

Salsa fresca - 1 colher de sopa

Sal marinho - 0,5 colher de chá

Azeite extra virgem - 1 colher de sopa

Pimenta preta, moída - 0,5 colher de chá

## *Indicações:*

1. Aqueça o forno a 350 graus Fahrenheit e prepare uma assadeira para cozinhar.

2. Em uma tábua, corte a parte superior do tomate ao redor do caule. Com uma colher, retire delicadamente o interior do tomate onde o cortou e retire as sementes da fruta, descartando-as.

Você deve ficar com um invólucro do fruto do tomate, menos o excesso de líquido e sementes.

3. Numa assadeira, misture o sal marinho, a pimenta-do-reino e a salsa fresca. Depois de combinado, espalhe metade da mistura em cada tomate, usando a mão ou colher para distribuir os temperos pela parede interna do tomate.

4. Na frigideira, aqueça o alho e a cebola verde no azeite em fogo médio até ficar macio e perfumado, cerca de 4 a 5 minutos. Depois de cozido, adicione o queijo parmesão e divida a mistura entre os dois tomates, colocando-o dentro. Agora que a panela está vazia, transfira os tomates da tábua para a panela. Por fim, quebre um ovo em cada tomate.

5. Leve a assadeira com os tomates recheados ao forno bem quente e deixe assar até que o ovo esteja bem cozido, cerca de vinte e cinco a trinta minutos. Retire do forno o tabuleiro com os tomates recheados com ovo e sirva quente, sozinho ou com pão integral torrado.

## Porções mexidas de couve açafrão

## Porções: 1

Tempo de cozimento: 10 minutos

## Ingredientes:

Azeite, duas colheres de sopa

Couve, desfiada, meia xícara

Couves, meia xícara

Alho picado, uma colher de sopa

Pimenta preta, um quarto de colher de chá

Açafrão, moído, uma colher de sopa

ovos, dois

## Indicações:

1. Bata os ovos e acrescente o açafrão, a pimenta-do-reino e o alho.

Refogue a couve no azeite em fogo médio por cinco minutos e, em seguida, despeje esta massa de ovo na frigideira com a couve. Continue cozinhando, mexendo sempre, até que os ovos estejam cozidos. Complete com brotos crus e sirva.

<u>Informação nutricional:</u>Calorias 137 gordura 8,4 gramas carboidratos 7,9 gramas fibra 4,8

gramas de açúcar 1,8 gramas de proteína 13,2 gramas

# Caçarola de Queijo e Linguiça com Gustosa Marinara

## Porções: 6

Tempo de cozimento: 20 minutos

## Ingredientes:

½ colher de sopa de azeite

½ quilo de salsicha

2,5 onças de molho marinara

120 g de parmesão ralado

120 g de mussarela ralada

## Indicações:

1. Ligue o forno, ajuste a temperatura para 375°F e deixe pré-aquecer.

2. Pegue uma assadeira, unte com óleo, acrescente metade da linguiça, bata e espalhe bem no fundo da assadeira.

3. Cubra a linguiça na assadeira com metade de cada molho marinara, parmesão e mussarela e espalhe o restante da linguiça por cima.

4. Arrume a linguiça com o restante do molho marinara, parmesão e mussarela e leve ao forno por 20 minutos até que a linguiça esteja cozida e os queijos derretidos.

5. Quando terminar, deixe a caçarola esfriar completamente, divida igualmente entre seis recipientes herméticos e leve à geladeira por até 12 dias.

6. Quando estiver pronto para comer, reaqueça a caçarola no microondas até ficar bem quente e sirva.

Informação nutricional:Calorias 353, gordura total 24,3 g, carboidratos totais 5,5 g, proteína 28,4, açúcar 5 g, sódio 902 mg

## Porções de Pudim de Chia com Leite Dourado: 4

Tempo de cozimento: 0 minutos

## Ingredientes:

4 xícaras de leite de coco

3 colheres de mel

1 colher de chá de extrato de baunilha

1 colher de chá de cúrcuma moída

½ colher de chá de canela em pó

½ colher de chá de gengibre moído

¾ xícara de iogurte de coco

½ xícara de sementes de chia

1 xícara de frutas frescas

¼ xícara de flocos de coco torrado

## *Indicações:*

1. Em uma tigela, misture o leite de coco, mel, extrato de baunilha, açafrão, canela e gengibre. Adicione o iogurte de coco.

2. Em tigelas, coloque sementes de chia, bagas e flocos de coco.

3. Despeje a mistura de leite.

4. Deixe esfriar na geladeira por 6 horas.

Informação nutricional:Calorias 337 Gordura total 11g Gordura saturada 2g Carboidratos totais 51g Carboidratos líquidos 49g Proteína 10g Açúcar: 29g Fibra: 2g Sódio: 262mg Potássio 508mg

## Porções de Bolo de Cenoura: 2

Tempo de cozimento: 1 minuto

## Ingredientes:

Leite de coco ou amêndoa, uma xícara

Sementes de chia, uma colher de sopa

Canela moída, uma colher de chá

Passas, meia xícara

Requeijão cremoso, baixo teor de gordura, duas colheres de sopa de cenoura em temperatura ambiente, uma casca grande e rale

Mel, duas colheres de sopa

Baunilha, uma colher de chá

## Indicações:

1. Misture todos os itens listados e guarde-os em um recipiente seguro refrigerado durante a noite. Coma frio pela manhã. Se optar por reaquecê-lo, coloque-o no micro-ondas por um minuto e mexa bem antes de comer.

Informação nutricional: Calorias 340 açúcar 32 gramas de proteína 8 gramas de gordura 4 gramas de fibra 9 gramas de carboidratos 70 gramas

## *panquecas de mel*

## Porções: 2

Tempo de cozimento: 5 minutos

## Ingredientes:

½ xícara de farinha de amêndoa

2 colheres de farinha de coco

1 colher de sopa de linhaça moída

¼ colher de chá de bicarbonato de sódio

½ colher de sopa de gengibre moído

½ colher de sopa de noz-moscada moída

½ colher de sopa de canela em pó

½ colher de chá de cravo moído

Pitada de sal

2 colheres de sopa de mel orgânico

¾ xícara de clara de ovo orgânica

½ colher de chá de extrato de baunilha orgânico

Óleo de coco, a gosto

## *Indicações:*

1. Em uma tigela grande, misture as farinhas, linhaça, bicarbonato de sódio, especiarias e sal.

2. Em outra tigela, adicione o mel, as claras e a baunilha e bata até ficar homogêneo.

3. Adicione a mistura de ovos à mistura de farinha e misture bem.

4. Unte levemente uma frigideira antiaderente grande com óleo e aqueça em fogo médio-baixo.

5. Adicione cerca de ¼ xícara da mistura e incline a panela para distribuí-la uniformemente dentro da panela.

6. Cozinhe por cerca de 3-4 minutos.

7. Costure cuidadosamente o lado e cozinhe cerca de 1 minuto a mais.

8. Repita com a mistura restante.

9. Sirva com o enfeite desejado.

Informação nutricional:Calorias: 291, Gordura: 8g, Carboidratos: 26g, Fibra: 4g, Proteína: 23g

## Crepes sem glúten Porções: 10

Tempo de cozimento: 30 minutos

## Ingredientes:

Opção 1

Prepare crepes usando waffle sem glúten e sem borracha e mistura para panqueca

3 colheres de açúcar

1 1/2 xícaras de mistura para panqueca sem glúten

1 xícara de água fria

2 ovos

2 colheres de sopa de manteiga, derretida

opção 2

Faça crepes usando sua mistura de farinha sem glúten e sem borracha favorita:

2 colheres de sopa de manteiga, derretida

3 colheres de açúcar

1 xícara de água fria

2 colheres de sopa de água fria

2 ovos

1 1/2 xícaras de farinha sem glúten

1/2 colher de chá de fermento em pó sem glúten ou misture partes iguais de bicarbonato de sódio e creme de tártaro

1/2 colher de chá de extrato de baunilha

## *Indicações:*

1. Em uma tigela grande, misture todos os ingredientes do crepe e bata até que os caroços se dissolvam. Deixe a mistura descansar em temperatura ambiente por cerca de 15 minutos. Depois de 15 minutos vai engrossar.

2. Aqueça a frigideira bem quente, borrife com óleo em spray e despeje uma pequena quantidade da massa na frigideira com uma colher de sopa ou 1/4

copo medidor enquanto rola a panela lateralmente.

3. Deixe esta fina camada de massa de crepe cozinhar por 1, 2 ou 3 minutos, depois vire o crepe para o outro lado e cozinhe por mais um minuto.

Informação nutricional:Calorias 100 Carboidratos: 14 g Gordura: 4 g Proteína: 3 g

## Arroz de cenoura com ovo mexido

## Porções: 3

Tempo de cozimento: 3 horas

## Ingredientes:

Para molho de soja doce Tamari

3 colheres de sopa de molho tamari (sem glúten)

1 colher de sopa de água

2-3 colheres de sopa de melaço

Para misturas picantes

3 dentes de alho

1 chalota pequena (fatiada)

2 malaguetas vermelhas compridas

Uma pitada de gengibre moído

Para o arroz de cenoura:

2 colheres de sopa de óleo de gergelim

5 ovos

4 cenouras grandes

8 onças de salsicha (frango ou qualquer tipo - sem glúten e picada).

1 colher de sopa de molho de soja doce

1 xícara de broto de feijão

1/2 xícara de brócolis em cubos

Sal e pimenta a gosto

Para enfeitar:

Coentro

molho picante asiático

sementes de Sesamo

## *Indicações:*

1. Para o molho:

2. Em uma panela, ferva o melaço, a água e o tamari em fogo alto.

3. Abaixe o fogo depois que o molho ferver e cozinhe até que o melaço esteja completamente dissolvido.

4. Coloque o molho em uma tigela separada.

5. Para o arroz de cenoura:

6. Em uma tigela, misture o gengibre, o alho, a cebola e a pimenta vermelha.

7. Para fazer o arroz com cenoura, esprema as cenouras num espiralizador.

8. Bata as cenouras em espiral em um processador de alimentos.

9. Pique o brócolis em pedaços 10. Adicione a linguiça, a cenoura, o brócolis e o broto de feijão à tigela de cebola, gengibre, alho e pimenta.

11. Adicione a mistura de vegetais picantes e o molho de tamari à panela de cozimento lento.

12. Coloque o fogão em fogo alto por 3 horas ou fogo baixo por 6 horas.

13. Mexa dois ovos em uma frigideira ou frigideira antiaderente.

14. Arrume o arroz de cenoura e coloque os ovos mexidos por cima.

15. Decore com sementes de gergelim, molho de pimenta asiática e coentro.

Informação nutricional:Calorias 230 mg Gordura Total: 13,7 g Carboidratos: 15,9 g Proteína: 12,2 g Açúcar: 8 g Fibra 4,4 g Sódio: 1060 mg Colesterol: 239 mg.

## Batata doce no café da manhã

## Porções: 6

Tempo de cozimento: 15 minutos

## Ingredientes:

2 batatas doces, cortadas em cubos

2 colheres de sopa de azeite

1 colher de sopa de páprica

1 colher de chá de erva seca

Pimenta conforme necessário

## Indicações:

1. Pré-aqueça a fritadeira a 400 graus F.

2. Misture todos os ingredientes em uma tigela.

3. Transfira para sua fritadeira.

4. Cozinhe por 15 minutos, mexendo a cada 5 minutos.

## Muffins de ovo com queijo feta e quinoa

## Porções: 12

Tempo de cozimento: 30 minutos

## Ingredientes:

ovos, oito

Tomates picados, uma xícara

Sal, um quarto de colher de chá

Feta, uma xícara

Quinoa, uma xícara cozida

Azeite, duas colheres de chá

Orégano, costeleta fresca, uma colher

Azeitonas pretas picadas, um quarto de xícara

Cebola picada, um quarto de xícara

Espinafre baby, picado, duas xícaras

## *Indicações:*

1. Aqueça o forno a 350. Pulverize uma forma de muffin de doze xícaras com óleo. Refogue o espinafre, o orégano, as azeitonas, a cebola e os tomates por cinco minutos no azeite em fogo médio. Bata os ovos. Adicione a mistura de legumes cozidos aos ovos com o queijo e o sal. Despeje a mistura em forminhas de muffin. Cozinhe trinta minutos. Eles permanecerão frescos na geladeira por dois dias. Para comer, basta embrulhar em papel toalha e aquecer no micro-ondas por trinta segundos.

Informação nutricional:Calorias 113 carboidratos 5 gramas de proteína 6 gramas de gordura 7

gramas de açúcar 1 grama

## *Bolinhos salgados de grão de bico: 1 porção*

Tempo de cozimento: 15 minutos

## *Ingredientes:*

Água - 0,5 xícara, mais 2 colheres de sopa

Cebola picada finamente - 0,25 xícara

Pimentão em cubos - 0,25 xícara

Farinha de grão de bico - 0,5 xícara

Fermento em pó - 0,25 colher de chá

Sal marinho - 0,25 colher de chá

Alho em pó - 0,25 colher de chá

Flocos de pimenta vermelha - 0,125 colher de chá

Pimenta preta, moída - 0,125 colher de chá

## *Indicações:*

1. Aqueça uma frigideira antiaderente de 25 cm em fogo médio enquanto prepara a massa de panqueca de grão de bico.

2. Em uma assadeira, misture a farinha de grão de bico com o fermento e os temperos. Uma vez combinado, bata na água e bata vigorosamente por quinze a trinta segundos, para criar bastante bolhas de ar na massa de grão de bico e apodrecer e formar grumos.

Incorpore a cebola picada e a pimenta.

3. Assim que a frigideira estiver quente, despeje toda a massa de uma só vez para criar uma panqueca grande. Mova a panela em movimentos circulares para distribuir a massa uniformemente por todo o fundo da panela e deixe-a descansar sem mexer.

4. Cozinhe o bolinho de grão-de-bico até que esteja firme e possa ser facilmente virado sem desmoronar, cerca de 5 a 7 minutos. O fundo deve ficar dourado. Vire cuidadosamente o bolinho de grão de bico com uma espátula grande e cozinhe o outro lado por mais cinco minutos.

5. Retirar do lume a frigideira com o bolinho de grão-de-bico salgado e passar o bolinho para um prato, guardando-o inteiro ou cortando-o às rodelas. Sirva com sua escolha de molhos salgados e molhos.

## Cúrcuma com leite: 2 porções

Tempo de cozimento: 5 minutos

## Ingredientes:

1 1/2 xícaras de leite de coco, sem açúcar

1 1/2 xícaras de leite de amêndoa, sem açúcar

¼ colher de chá de gengibre moído

1 ½ colher de chá de açafrão moído

1 colher de óleo de coco

¼ colher de chá de canela em pó

## Indicações:

1. Coloque o coco e o leite de amêndoa em uma panela e leve ao fogo médio, acrescente o gengibre, o óleo, o açafrão e a canela. Mexa e cozinhe por 5 minutos, divida em tigelas e sirva.

2. Divirta-se!

Informação nutricional:calorias 171, gordura 3, fibra 4, carboidratos 6, proteína 7

## Shakshuka verde: 4 porções

Tempo de cozimento: 25 minutos

## Ingredientes:

2 colheres de sopa de azeite extra virgem

1 cebola, picada

2 dentes de alho, picados

1 jalapeño, sem sementes e picado

1 libra de espinafre (descongelado se congelado)

1 colher de chá de cominhos secos

¾ colher de chá de coentro

Sal e pimenta-do-reino moída na hora

2 colheres de sopa de harissa

½ xícara de caldo de legumes

8 ovos grandes

Salsa fresca picada, se necessário para servir Coentro fresco picado, se necessário para servir Flocos de pimenta, se necessário para servir

## *Indicações:*

1. Pré-aqueça o forno a 350°F.

2. Aqueça o azeite em uma frigideira grande que possa ir ao forno em fogo médio. Adicione a cebola e refogue por 4-5 minutos. Junte o alho e o jalapeño e refogue por mais 1 minuto até perfumar.

3. Adicione o espinafre e cozinhe até murchar completamente se estiver fresco, 4 a 5 minutos ou 1 a 2 minutos se descongelado do congelado, até aquecer completamente.

4. Tempere com cominhos, pimenta, coentros, sal e harissa. Cozinhe por cerca de 1 minuto, até perfumar.

5. Transfira a mistura para a tigela de um processador de alimentos ou liquidificador e bata até ficar grosso. Adicione o caldo e bata até a mistura ficar lisa e espessa.

6. Limpe a panela e polvilhe com spray de cozinha antiaderente. Despeje a mistura de espinafre na panela e faça oito poços circulares com uma colher de pau.

7. Quebre os ovos nos tubos, delicadamente. Transfira a assadeira para o forno e asse por 20 a 25 minutos até que as claras estejam completamente endurecidas, mas as gemas ainda estejam um pouco trêmulas.

8. Polvilhe flocos de salsa, coentro e pimenta vermelha sobre o shakshuka, a gosto. Sirva imediatamente.

Informação nutricional: 251 calorias 17g de gordura 10g de carboidratos 17g de proteína 3g de açúcares

## Pão Proteico De Quinoa:

## Porções 12

Tempo de cozimento: 1 hora e 45 minutos

## Ingredientes:

Farinha de grão de bico - 1 xícara

Farinha de quinoa torrada - 1 xícara

Fécula de batata - 1 xícara

Farinha de sorgo - 1 xícara

Goma xantana - 2 colheres de chá

Sal marinho - 1 colher de chá

Água, morna - 1,5 xícaras

Fermento seco ativo - 1,5 colher de chá

Pasta de tâmaras - 2 colheres de sopa

Sementes de papoula - 1 colher de sopa

Sementes de girassol - 1 colher de sopa

Pepitas - 2 colheres de sopa

óleo de abacate - 3 colheres de sopa

Ovos, temperatura ambiente - 3

## *Indicações:*

1. Prepare uma forma de pão de nove por cinco polegadas, forrando-a com papel manteiga e untando-a levemente.

2. Em uma assadeira, misture a água quente, a pasta de tâmaras e o fermento até que o conteúdo esteja completamente dissolvido. Deixe esta mistura de pão de quinua descansar por cinco a dez minutos, até que o fermento tenha inchado e inchado - isso deve ser feito em um ambiente quente.

3. Enquanto isso, em um refratário maior, de preferência um para batedeira, misture as farinhas, o amido, a goma xantana e o sal marinho até incorporar. Por fim, em uma assadeira pequena, misture o óleo de abacate e os ovos. Deixe-os de lado enquanto espera que o fermento termine de florescer.

4. Assim que o fermento florescer, coloque a batedeira com a mistura de farinha em fogo baixo e despeje a mistura de fermento nela. Deixe a batedeira com o acessório de pá combinar o líquido e a farinha por alguns instantes antes de adicionar a mistura de ovo e óleo. Continue a deixar esta mistura se misturar por dois minutos até formar uma mistura coesa

bola de massa. Adicione as sementes à massa e bata por mais um minuto em velocidade média. Lembre-se de que a massa ficará mais úmida e menos elástica do que a massa feita com farinha tradicional, pois não contém glúten.

5. Despeje a massa de proteína de quinoa na assadeira preparada, cubra-a com plástico de cozinha ou um pano limpo e úmido e deixe crescer em um local quente e sem correntes de ar até dobrar de tamanho, cerca de quarenta minutos.

Enquanto isso, aqueça o forno a 375 graus Fahrenheit.

6. Coloque o pão já crescido no centro do forno e deixe assar até que esteja bem cozido e dourado. Quando você toca no pão de proteína de quinoa, deve soar oco. Retire a forma de pão de proteína de quinoa do forno e deixe esfriar por cinco minutos antes de remover o pão de proteína de quinoa da forma e transferi-lo para uma gradinha para terminar de esfriar. Deixe o pão de quinoa esfriar completamente antes de cortar.

# Muffins de Cenoura e Gengibre

# Porções: 12

Tempo de cozimento: 20-22 minutos

# Ingredientes:

2 xícaras de farinha de amêndoa branqueada

½ xícara de coco ralado sem açúcar

1 colher de chá de bicarbonato de sódio

½ colher de chá de pimenta da Jamaica

½ colher de chá de gengibre moído

Uma pitada de cravo moído

sal a gosto

3 ovos orgânicos

½ xícara de mel orgânico

½ xícara de óleo de coco

1 xícara de cenouras, descascadas e raladas

2 colheres de sopa de gengibre fresco, descascado e ralado ¾ xícara de passas, embebido em água por 15 minutos e escorrido

Indicações:

1. Pré-aqueça o forno a 350 graus F. Unte 12 xícaras de uma forma grande de muffin.

2. Em uma tigela grande o suficiente, misture a farinha, os pedaços de coco, o bicarbonato de sódio, os temperos e o sal.

3. Em outra tigela, adicione os ovos, o mel e o óleo e bata até ficar homogêneo.

4. Adicione a mistura de ovos à mistura de farinha e misture bem.

5. Junte a cenoura, o gengibre e as passas.

6. Espalhe a mistura uniformemente nas formas de muffin preparadas.

7. Asse por aproximadamente 20-22 minutos ou até que um palito inserido no centro saia limpo.

Informação nutricional: Calorias: 352, Gordura: 13g, Carboidratos: 33g, Fibra: 9g, Proteína: 15g

## Mingau de mel quente: 4 porções

## Ingredientes:

¼ c. mel

½ c. aveia

3 c. água fervente

¾ c. trigo bulgur

## Indicações:

1. Coloque o bulgur e a aveia em flocos em uma panela. Adicione a água fervente e mexa para combinar.

2. Leve a panela ao fogo alto e deixe ferver. Assim que ferver, reduza o fogo para baixo, tampe e cozinhe por 10 minutos, mexendo de vez em quando.

3. Retire do fogo, misture o mel e sirva imediatamente.

<u>Informação nutricional:</u>Calorias: 172, Gordura: 1 g, Carboidratos: 40 g, Proteína: 4 g, Açúcares: 5 g, Sódio: 20 mg

## Salada de café da manhã:

## 4 porções

Tempo de cozimento: 0 minutos

## Ingredientes:

27 onças de salada de repolho misturada com frutas secas 1 1/2 xícara de mirtilos

15 onças de beterraba, cozida, descascada e cortada em cubos

¼ xícara de azeite

2 colheres de sopa de vinagre de maçã

1 colher de chá de açafrão em pó

1 colher de sopa de suco de limão

1 dente de alho, picado

1 colher de chá de gengibre fresco ralado

Uma pitada de pimenta preta

## *Indicações:*

1. Numa saladeira, misture a couve e os frutos secos com a beterraba e os mirtilos. Em uma tigela separada, misture o azeite com o vinagre, açafrão, suco de limão, alho, gengibre e uma pitada de pimenta do reino, bata bem e despeje sobre a salada, misture e sirva.

2. Divirta-se!

Informação nutricional:calorias 188, gordura 4, fibra 6, carboidratos 14, proteína 7

## Quinoa rápida com sementes de canela e chia:

## 2 porções

Tempo de cozimento: 3 minutos

## Ingredientes:

2 xícaras de quinoa, pré-cozida

1 xícara de leite de caju

½ colher de chá de canela em pó

1 xícara de mirtilos frescos

¼ xícara de nozes torradas

2 colheres de chá de mel cru

1 colher de sopa de sementes de chia

## Indicações:

1. Em fogo médio-baixo, coloque a quinoa e o leite de caju em uma panela. Misture a canela, cranberries e nozes. Cozinhe lentamente por três minutos.

2. Retire a panela do fogo. Incorpore o mel. Decore com sementes de chia antes de servir.

<u>Informação nutricional:</u> Calorias 887 Gordura: 29,5 g Proteína: 44 Sódio: 85 mg Carboidratos totais: 129,3 g Fibra dietética: 18,5 g

## Waffles de batata-doce sem grãos

## Porções: 2

Tempo de cozimento: 15 minutos

## Ingredientes:

Batata-doce ralada - 3 xícaras

Farinha de coco - 2 colheres de sopa

Araruta - 1 colher de sopa

Ovos - 2

óleo de soja - 1 colher de sopa

Canela moída - 0,5 colher de chá

Noz-moscada, moída - 0,25 colher de chá

Sal marinho - 0,25 colher de chá

Pasta de tâmaras - 1 colher de sopa

## Indicações:

1. Antes de misturar os waffles, comece aquecendo o ferro para waffles.

2. Em uma tigela, misture bem os ovos, o óleo de soja e a pasta de tâmaras. Adicione os ingredientes restantes e misture até que todos os ingredientes estejam distribuídos uniformemente.

3. Unte a forma de waffle aquecida e adicione um pouco da massa.

Aproxime o ferro e deixe os waffles cozinhar até dourar, cerca de seis a sete minutos. Depois de pronto, retire o wafer com um garfo e cozinhe a segunda metade da massa da mesma maneira.

4. Sirva os waffles de batata-doce sem grãos quentes com suas coberturas favoritas, como iogurte e frutas frescas, compota de frutas ou xarope com sabor de bordo Monge Lakanto.

# Omelete de cogumelos, quinoa e espargos

## Porções: 3

Tempo de cozimento: 30 minutos

## Ingredientes:

2 colheres de sopa de azeite

1 xícara de cogumelos fatiados

1 xícara de aspargos, cortados em pedaços de 1 polegada

½ xícara de tomate picado

6 ovos grandes criados a pasto

2 claras de ovo grandes criadas a pasto

¼ xícara de leite vegetal

1 xícara de quinoa, cozida de acordo com a embalagem 3 colheres de sopa de manjericão picado

1 colher de sopa de salsa picada, decore

Sal e pimenta a gosto

## *Indicações:*

1. Pré-aqueça o forno a 350ºF.

2. Em uma frigideira, aqueça o azeite em fogo médio.

3. Junte os cogumelos e os aspargos.

4. Tempere com sal e pimenta a gosto. Refogue por 7 minutos ou até que os cogumelos e aspargos estejam dourados.

5. Adicione os tomates e cozinhe por mais 3 minutos. Pôr de lado.

6. Enquanto isso, bata os ovos, as claras e o leite em uma tigela.

Pôr de lado.

7. Coloque a quinoa em uma assadeira e decore com a mistura de legumes. Despeje a mistura de ovos.

8. Leve ao forno e cozinhe por 20 minutos ou até que os ovos estejam firmes.

Informação nutricional: Calorias 450 Gordura total 37 g Gordura saturada 5 g Carboidratos totais 17 g Carboidratos líquidos 14 g Proteína 12 g Açúcar: 2 g Fibra: 3 g Sódio: 60 mg Potássio 349 mg

## Ovos Rancheros: 3 porções

Tempo de cozimento: 20 minutos

## Ingredientes:

Ovos - 6

Tortilhas de milho, pequenas - 6

Feijão Refogado - 1,5 xícaras

Pimentas verdes em cubos, enlatadas - 4 onças

Tomates enlatados assados - 14,5 onças

Abacate fatiado - 1

Alho picado - 2 dentes

Coentro picado - 0,5 xícara

Cebola em cubos - 0,5

Sal marinho - 0,5 colher de chá

Cominho, moído - 0,5 colher de chá

Azeite extra virgem - 1 colher de chá

Pimenta preta, moída - 0,25 colher de chá

## *Indicações:*

1. Em uma panela, cozinhe os tomates assados, as pimentas verdes, sal marinho, cominho e pimenta-do-reino por cinco minutos.

2. Enquanto isso, refogue a cebola e o azeite em uma frigideira grande, acrescentando o alho no último minuto de cozimento, cerca de cinco minutos no total.

3. Frite os ovos de acordo com suas preferências de cozimento; aqueça os feijões fritos e aqueça as tortillas.

4. Para servir, coloque o feijão frito, os tomates, as cebolas e os ovos nas tortilhas. Cubra com o abacate e o coentro e saboreie fresco e quente. Você pode adicionar um pouco de salsa, queijo ou creme de leite, se quiser.

## Omelete de cogumelos e espinafres

## Porções: 2

Tempo de cozimento: 15 minutos

## Ingredientes:

Azeite, uma colher de sopa + uma colher de sopa

Espinafre, fresco, picado, uma xícara e meia de cebolinha, uma cortada em cubos

ovos, três

Queijo feta, uma onça

Cogumelos, botões, cinco fatias

Cebola roxa em cubos, um quarto de xícara

## Indicações:

1. Refogue os cogumelos, a cebola e os espinafres durante três minutos numa colher de sopa de azeite e reserve. Bata bem os ovos e cozinhe-os na outra colher de sopa de azeite por três a quatro minutos até que as bordas comecem a dourar. Polvilhe todos os outros ingredientes sobre a metade da

omelete e dobre a outra metade sobre os ingredientes refogados. Cozinhe por um minuto de cada lado.

Informação nutricional: Calorias 337 gordura 25 gramas de proteína 22 gramas de carboidratos 5,4 gramas de açúcar 1,3 gramas de fibra 1 grama

# Waffles de Banana e Abóbora

## Porções: 4

Tempo de cozimento: 5 minutos

## Ingredientes:

½ xícara de farinha de amêndoa

½ xícara de farinha de coco

1 colher de chá de bicarbonato de sódio

1 colher e meia de chá de canela em pó

¾ colher de chá de gengibre moído

½ colher de chá de cravo moído

½ colher de chá de noz-moscada moída

sal a gosto

2 colheres de sopa de azeite

5 ovos orgânicos grandes

¾ xícara de leite de amêndoa

½ xícara de purê de abóbora

2 bananas médias descascadas e cortadas em rodelas

## *Indicações:*

1. Pré-aqueça o waffle iron e unte-o.

2. Em uma tigela grande o suficiente, misture as farinhas, o bicarbonato de sódio e os temperos.

3. No liquidificador, adicione os demais ingredientes e bata até ficar homogêneo.

4. Adicione a mistura de farinha e bata até

5. No waffle iron pré-aquecido, adicione a quantidade necessária da mistura.

6. Cozinhe por cerca de 4-5 minutos.

7. Repita usando a mistura restante.

Informação nutricional:Calorias: 357,2, Gordura: 28,5 g, Carboidratos: 19,7 g, Fibra: 4 g, Proteína: 14 g

## Ovos mexidos com salmão defumado Porções: 2

Tempo de cozimento: 10 minutos

## Ingredientes:

4 ovos

2 colheres de sopa de leite de coco

Cebolinha fresca, picada

4 fatias de salmão defumado selvagem picado Sal a gosto

## Indicações:

1. Em uma tigela, bata o ovo, o leite de coco e a cebolinha.

2. Unte a frigideira com óleo e aqueça em fogo médio-baixo.

3. Despeje a mistura de ovos e mexa os ovos enquanto cozinha.

4. Quando os ovos começarem a endurecer, adicione o salmão defumado e cozinhe por mais 2 minutos.

Informação nutricional:Calorias 349 Gordura total 23 g Gordura saturada 4 g Carboidratos totais 3 g Carboidratos líquidos 1 g Proteína 29 g Açúcar: 2 g Fibra: 2 g Sódio: 466 mg Potássio 536 mg

## Risoto cremoso de parmesão com cogumelos e couve-flor

## Porções: 2

Tempo de cozimento: 18 minutos

## Ingredientes:

1 dente de alho, descascado, fatiado

½ xícara de creme

½ xícara de couve-flor, arroz

½ xícara de cogumelos, fatiados

Óleo de coco, para fritar

Parmesão, ralado, para decorar

## Indicações:

1. Pegue uma panela, leve ao fogo médio-alto, acrescente o óleo de coco e quando derreter, acrescente o alho e os cogumelos e cozinhe por 4

minutos ou até refogar.

2. Em seguida, coloque a couve-flor e o creme de leite na panela, misture bem e cozinhe por 12 minutos.

3. Transfira o risoto para um prato, decore com o queijo e sirva.

<u>Informação nutricional:</u>Calorias 179, Gordura Total 17,8g, Carboidratos Totais 4,4g, Proteína 2,8g, Açúcar 2,1g, Sódio 61mg

# Rancho de Brócolis Assado com Cheddar

## Porções: 2

Tempo de cozimento: 30 minutos

## Ingredientes:

1 ½ xícara de floretes de brócolis

Sal e pimenta-do-reino moída na hora a gosto 1/8 xícara de tempero rancho

1/8 xícara de creme de chantilly pesado

¼ xícara de queijo cheddar ralado

1 colher de sopa de azeite

## Indicações:

1. Ligue o forno, ajuste a temperatura para 375°F e deixe pré-aquecer.

2. Enquanto isso, pegue uma tigela média, adicione os floretes junto com os demais ingredientes e misture bem.

3. Pegue uma assadeira, unte com óleo, uma colher da mistura preparada e leve ao forno por 30 minutos até dourar.

4. Quando terminar, deixe a caçarola esfriar por 5 minutos e sirva em seguida.

Informação nutricional:Calorias 111, Gordura Total 7,7g, Carboidratos Totais 5,7g, Proteína 5,8g, Açúcar 1,6g, Sódio 198mg

## Mingau super proteico

## Porções: 2

Tempo de cozimento: 8 minutos

## Ingredientes:

¼ xícara de nozes ou pecãs picadas grosseiramente ¼ xícara de coco torrado, sem açúcar

2 colheres de sopa de sementes de cânhamo

2 colheres de sopa de sementes de chia inteiras

¾ xícara de leite de amêndoa, sem açúcar

¼ xícara de leite de coco

¼ xícara de manteiga de amêndoa, torrada

½ colher de chá de açafrão, moído

1 colher de sopa de óleo de coco extra virgem ou óleo MCT

2 colheres de sopa de eritritol ou 5-10 gotas de estévia líquida (opcional) uma pitada de pimenta-do-reino moída

½ colher de chá de canela ou ½ colher de chá de baunilha em pó

## *Indicações:*

1. Coloque as nozes, os flocos de coco e as sementes de cânhamo em uma panela quente. Asse a mistura por 2 minutos ou até perfumar. Mexa algumas vezes para evitar que queime. Transfira a mistura assada para uma tigela. Pôr de lado.

2. Misture as amêndoas e o leite de coco em uma panela pequena e leve ao fogo médio. Aqueça a mistura.

3. Após aquecer, mas sem ferver, desligue o fogo. Adicione todos os outros ingredientes. Misture bem até derreter completamente. Reserve por 10 minutos.

4. Combine metade da mistura assada com o mingau. Recolha o mingau em duas tigelas. Polvilhe cada tigela com a metade restante da mistura torrada e a canela em pó. Sirva o mingau imediatamente.

Informação nutricional:Calorias 572 Gordura: 19 g Proteína: 28,6 g Sódio: 87 mg Carboidratos totais: 81,5 g Fibra dietética: 10 g

## Aveia com manga e coco

## Porções: 1

## Ingredientes:

½ c. Leite de côco

sal Kosher

1 c. aveia à moda antiga

1/3 c. manga fresca picada

2 colheres de sopa. Flocos de coco sem açúcar

## Indicações:

1. Leve o leite para ferver em uma panela média em fogo alto. Misture a aveia e o sal e abaixe o fogo. Refogue por cerca de 5

minutos, até que a aveia esteja cremosa e macia.

2. Enquanto isso, toste os flocos de coco por cerca de 2-3 minutos até dourar em uma frigideira pequena e seca em fogo baixo.

3. Depois de pronto, cubra a farinha de aveia com flocos de manga e coco, sirva e aproveite.

Informação nutricional: Calorias: 428, Gordura: 18 g, Carboidratos: 60 g, Proteína: 10 g, Açúcares: 26 g, Sódio: 122 mg.

## Porções de omelete de cogumelos e espinafres

## Porções: 4

Tempo de cozimento: 30 minutos

## Ingredientes:

6 ovos

60ml de leite

3 colheres de sopa (45 ml) de manteiga

2 xícaras (500 ml) de espinafre baby

Sal e pimenta

1 xícara de queijo cheddar ralado

1 cebola, em fatias finas

120 g de cogumelos brancos fatiados

## Indicações:

1. Pré-aqueça o forno a 350°F (180°C), com a grade na posição central. Unte uma assadeira quadrada de 20 cm. Pôr de lado.

2. Misture os ovos e o leite em uma tigela grande com um batedor. Misture o queijo. Tempere com pimenta e sal. Coloque a tigela de lado.

3. Refogue a cebola e depois os cogumelos na manteiga em fogo médio em uma frigideira grande antiaderente. Tempere com pimenta e sal. Coloque o espinafre e cozinhe por cerca de 1 minuto, mexendo sempre.

4. Despeje a mistura de cogumelos na mistura de ovos. Retire e despeje em uma assadeira. Asse a omelete por cerca de 25 minutos ou até dourar e levemente estufado. Corte a omelete em quatro quadrados e retire-a do prato de servir com uma espátula. Disponha-os em um prato e voilà, estão prontos para servir quentes ou frios.

Informação nutricional:Calorias 123 Carboidratos: 4g Gordura: 5g Proteína: 15g

## Maçãs com canela cozidas no vapor

## Porções: 6

Tempo de cozimento: 4 horas

## Ingredientes:

8 maçãs (descascadas, sem caroço)

2 colheres de chá de suco de limão

2 colheres de chá de canela

½ colher de chá de noz-moscada

¼ xícara de açúcar de coco

## Indicações:

1. Coloque todos os itens na panela de cozimento lento.

2. Defina o fogão lento por 3-4 horas.

3. Cozinhe até que as maçãs estejam macias. Servir.

Informação nutricional: Calorias 136 Gordura Total: 0 g Carboidratos: 36 g Proteína: 1 g Açúcar: 26 g Fibra 5 g Sódio: 6 mg Colesterol: 0 mg

## pão de milho integral

## Porções: 8

Tempo de cozimento: 35 minutos

## Ingredientes:

Farinha de Milho Amarela Integral - 1 xícara

Farinha de trigo branca -1 xícara

Ovo - 1

Pasta de tâmaras - 2 colheres de sopa

Azeite virgem extra - 0,33 xícara

Sal marinho - 1 colher de chá

Fermento em pó - 1 colher de sopa

Bicarbonato de sódio - 0,5 colher de chá

Leite de Amêndoa - 1 xícara

## *Indicações:*

1. Aqueça o forno a 400 graus Fahrenheit e prepare uma assadeira redonda de 20 cm ou uma assadeira de ferro fundido. Unte generosamente a assadeira.

2. Em uma assadeira, misture o fubá, a farinha de trigo integral, o sal marinho e os agentes de fermentação até ficar bem misturado.

3. Em um prato separado, misture os ingredientes restantes até ficarem bem misturados. Adicione a mistura de farinha, dobrando os dois juntos até ficar bem misturado.

4. Despeje a massa do pão de milho na assadeira preparada e leve ao forno até dourar e ficar completamente assada no centro, cerca de 25 minutos. Retire o pão de milho do forno e deixe esfriar por cinco minutos antes de cortar.

## Omelete de tomate

## Porções: 1

Tempo de cozimento: 8 minutos

## Ingredientes:

ovos, dois

Manjericão, fresco, 1/2 xícara

Tomate cereja, meia xícara

Pimenta preta, uma colher de chá

Queijo, qualquer tipo, um quarto de xícara, ralado

Sal, meia colher de chá

Azeite, duas colheres de sopa

## Indicações:

1. Corte os tomates em quartos. Frite em azeite por três minutos. Reserve os tomates. Sal e pimenta os ovos em uma tigela pequena e bata bem. Despeje a mistura de ovos batidos na panela e use uma espátula para trabalhar delicadamente as bordas sob a omelete, permitindo que os ovos fritem por três minutos. Quando o terço central da mistura de ovos ainda

estiver líquido, adicione o manjericão, os tomates e o queijo. Dobre mais da metade da omelete sobre a outra metade. Cozinhe mais dois minutos e sirva.

Informação nutricional:Calorias 342 carboidratos 8 gramas de proteína 20 gramas de gordura 25,3 gramas

## Aveia com açúcar mascavo e canela

## Porções: 4

## Ingredientes:

½ colher de chá. canela em pó

1 1/2 colher de chá. Extrato de baunilha puro

¼ c. açúcar mascavo claro

2 c. leite com baixo teor de gordura

1 1/3 c. aveia rápidas

## Indicações:

1. Meça o leite e a baunilha em uma panela média e leve para ferver em fogo médio-alto.

2. Assim que ferver, reduza o fogo para médio. Junte a aveia, o açúcar mascavo e a canela e cozinhe, mexendo, por 2 a 3 minutos.

3. Sirva imediatamente, polvilhando com mais canela, se desejar.

Informação nutricional:Calorias: 208, Gordura: 3 g, Carboidratos: 38 g, Proteína: 8 g, Açúcares: 15 g, Sódio: 105 mg

# Mingau com peras assadas

## Porções: 2

Tempo de cozimento: 30 minutos

## Ingredientes:

¼ colher de chá de sal

2 colheres de nozes picadas

1 colher de chá de xarope de bordo puro

1 copo de iogurte grego 0%, para servir

peras

Mingau

½ xícara de amaranto cru

1/2 xícara de água

1 xícara de leite 2%

1 colher de chá de maple syrup

1 pêra grande

1/2 colher de chá de canela em pó

1/4 colher de chá de gengibre moído

1/8 colher de chá de noz-moscada moída

1/8 colher de chá de cravo moído

Cobertura de noz-pecã/pêra

## *Indicações:*

1. Pré-aqueça o forno a 400°C.

2. Escorra o amaranto e enxágue. Misture com água, uma xícara de leite e sal, leve o amaranto para ferver e deixe ferver.

Cubra e cozinhe por 25 minutos até que o amaranto esteja macio, mas algum líquido permanecerá. Retire do fogo e deixe o amaranto engrossar por mais 5 a 10 minutos. Se desejar, aplique um pouco mais de leite para suavizar a textura.

3. Misture as partes da noz-pecã com 1 colher de sopa de xarope de bordo.

Asse por 10 a 15 minutos, até que as nozes estejam torradas e o xarope de bordo tenha secado. Quando terminar, as nozes podem se tornar relativamente perfumadas. Quando esfriadas, as nozes são crocantes.

4. Corte as peras em cubos junto com as nozes e misture com o restante de 1 colher de chá de xarope de bordo e especiarias. Asse por 15 minutos em uma panela, até que as peras estejam macias.

5. No mingau, adicione 3/4 das peras assadas. Divida o iogurte entre duas tigelas e cubra com o mingau, as nozes assadas e os pedaços de pêra restantes.

<u>Informação nutricional:</u>Calorias 55 Carboidratos: 11 g Gordura: 2 g Proteína: 0 g

## Crepes com creme doce

## Porções: 2

Tempo de cozimento: 10 minutos

## Ingredientes:

2 ovos orgânicos

1 colher de chá de estévia

sal a gosto

2 colheres de sopa de óleo de coco, derretido, dividido

2 colheres de farinha de coco

½ xícara de creme

## Indicações:

1. Quebre os ovos em uma tigela, adicione 1 colher de sopa de óleo de coco, stevia e sal e bata com uma batedeira até misturar bem.

2. Bata lentamente a farinha de coco até incorporar e, em seguida, bata o creme de leite até ficar bem combinado.

3. Pegue uma frigideira, leve ao fogo médio, unte com óleo e, quando estiver quente, despeje metade da mistura e cozinhe por cerca de 2 minutos de cada lado até que o crepe esteja cozido.

4. Transfira o crepe para um prato e cozinhe outro crepe da mesma forma usando a massa restante e sirva em seguida.

5. Para preparar a refeição, embrulhe cada crepe de creme em um pedaço de papel manteiga, coloque-o em um saco plástico, feche o saco e guarde no freezer por até três dias.

6. Quando estiver pronto para comer, reaqueça o crepe por 2 minutos no microondas até ficar bem quente e sirva.

<u>Informação nutricional:</u>298, Gordura Total 27,1g, Carboidrato Total 8g, Proteína 7g, Açúcar 2,4g, Sódio 70mg

## panquecas de aveia

## Porções: 1

Tempo de cozimento: 10 minutos

## Ingredientes:

Ovo - 1

Aveia em flocos, moída - 0,5 xícara

Leite de Amêndoa - 2 colheres de sopa

Bicarbonato de sódio - 0,125 colher de chá

Fermento em pó - 0,125 colher de chá

Extrato de baunilha - 1 colher de chá

Pasta de tâmaras - 1 colher de chá

## Indicações:

1. Aqueça a chapa ou frigideira antiaderente em fogo médio enquanto prepara as panquecas.

2. Coloque os flocos de aveia no liquidificador ou processador de alimentos e bata até obter uma farinha fina. Adicione-os a uma tigela, batendo-os com o fermento e o bicarbonato.

3. Em outra tigela da cozinha, misture o ovo com o leite de amêndoa, a pasta de tâmaras e o extrato de baunilha até misturar bem. Adicione a mistura de ovo açucarado/leite de amêndoa à mistura de farinha de aveia e misture até ficar bem misturado.

4. Unte a forma e despeje a massa de panqueca deixando um pequeno espaço entre cada panqueca. Deixe as panquecas cozinhar por cerca de dois a três minutos, até que fiquem douradas e borbulhantes.

Vire cuidadosamente as panquecas e cozinhe o outro lado por alguns minutos até dourar.

5. Retire as panquecas do fogo e sirva com frutas, iogurte, compota ou xarope de bordo com sabor de bordo de monge Lakanto.

## Deliciosa aveia com aroma de bordo

## Porções: 4

Tempo de cozimento: 20 minutos

## Ingredientes:

Aroma de bordo, uma colher de chá

Canela, uma colher de chá

Sementes de girassol, três colheres de sopa

Pecans, meia xícara picada

Flocos de coco, sem açúcar, 1/4 xícara de nozes, 1/2 xícara picada

Leite, amêndoas ou coco, meia xícara

Sementes de chia, quatro colheres de sopa

## Indicações:

1. Bata as sementes de girassol, as nozes e as pecãs em um processador de alimentos para esfarelar. Ou você pode simplesmente colocar as nozes em um saco plástico resistente, embrulhar o saco com uma toalha, colocá-lo sobre uma superfície firme e bater na toalha com um martelo até que as

nozes se esfarelem. Misture as nozes picadas com o restante dos ingredientes e despeje em uma panela grande.

Cozinhe esta mistura em fogo baixo por trinta minutos. Mexa sempre para que a mistura não grude no fundo. Sirva decorado com frutas frescas ou uma pitada de canela, se desejar.

Informação nutricional: Calorias 374 Carboidratos 3,2 gramas Proteína 9,25 gramas Gordura 34,59 gramas

# Smoothie de morango e kiwi

## Porções: 1

Tempo de cozimento: 0 minutos

## Ingredientes:

Kiwi, descascado e picado, um

Morangos, frescos ou congelados, meio copo de leite picado, amêndoas ou coco, um copo

Manjericão, moído, uma colher de chá

Cúrcuma, uma colher de chá

Banana em cubos, uma

Pó de semente de chia, um quarto de xícara

## Indicações:

1. Beba imediatamente após todos os ingredientes estarem bem misturados.

Informação nutricional: Calorias 250 açúcar 9,9 gramas gordura 1 grama gramas 34 carboidratos de fibra 4,3 gramas

## Mingau de linhaça com canela

## Porções: 4

Tempo de cozimento: 5 minutos

## Ingredientes:

1 colher de chá de canela

1 colher e meia de chá de stevia

1 colher de sopa de manteiga sem sal

2 colheres de farinha de linhaça

2 colheres de sopa de farinha de linhaça

½ xícara de coco ralado

1 xícara de creme

2 xícaras de água

## *Indicações:*

1. Pegue uma panela média, leve ao fogo baixo, acrescente todos os ingredientes, mexa até misturar e deixe ferver.

2. Quando a mistura ferver, retire a panela do fogo, misture bem e divida em quatro tigelas.

3. Deixe o mingau descansar por 10 minutos até engrossar levemente e sirva.

Informação nutricional:Calorias 171, Gordura Total 16g, Carboidratos Totais 6g, Proteína 2g

## Barras de café da manhã com mirtilo e batata doce Porção: 8

Tempo de cozimento: 40 minutos

## Ingredientes:

1 1/2 xícaras de purê de batata doce

2 colheres de sopa de óleo de coco, derretido

2 colheres de sopa de maple syrup

2 ovos, criados a pasto

1 xícara de farinha de amêndoa

1/3 xícara de farinha de coco

1 ½ colher de chá de bicarbonato de sódio

1 xícara de mirtilos frescos, sem caroço e picados

¼ xícara de água

## Indicações:

1. Pré-aqueça o forno a 3500F.

2. Unte uma assadeira de 9 polegadas com óleo de coco. Pôr de lado.

3. Em uma tigela. Combine o purê de batata-doce, água, óleo de coco, xarope de bordo e ovos.

4. Em outra tigela, peneire a farinha de amêndoa, a farinha de coco e o fermento.

5. Aos poucos, adicione os ingredientes secos aos molhados. Use uma espátula para dobrar e misturar todos os ingredientes.

6. Despeje na assadeira preparada e pressione sobre os cranberries.

7. Leve ao forno e asse por 40 minutos ou até que um palito inserido no centro saia limpo.

8. Deixe repousar ou esfriar antes de retirar da forma.

<u>Informação nutricional:</u>Calorias 98 Gordura total 6g Gordura saturada 1g Carboidratos totais 9g Carboidratos líquidos 8,5g Proteína 3g Açúcar: 7g Fibra: 0,5g Sódio: 113mg Potássio 274mg

## *Aveia assada com especiarias de abóbora*

## Porções: 6

Tempo de cozimento: 35 minutos

## Ingredientes:

Aveia em flocos - 1,5 xícaras

Leite de amêndoa, sem açúcar - 0,75 xícara

Ovo - 1

Adoçante de frutas monge Lakanto - 0,5 xícara

Purê de abóbora - 1 xícara

Extrato de baunilha - 1 colher de chá

Nozes, picadas - 0,75 xícara

Fermento em pó - 1 colher de chá

Sal marinho - 0,5 colher de chá

Tempero de torta de abóbora - 1,5 colher de chá

## *Indicações:*

1. Aqueça o forno a 350 graus Fahrenheit e unte uma assadeira de oito por oito.

2. Em uma tigela, misture a aveia em flocos, o leite de amêndoa, os ovos e os ingredientes restantes até que a massa de aveia esteja bem misturada. Despeje a mistura de aveia com especiarias de abóbora na frigideira untada e coloque no centro do forno.

3. Asse a farinha de aveia até que fique dourada e firme, cerca de 25 a 30 minutos. Retire a Aveia Assada com Especiarias de Abóbora do forno e deixe esfriar por cinco minutos antes de servir. Saboreie-o quente sozinho ou com sua fruta e iogurte favoritos.

## Ovos mexidos com espinafre e tomate

## Porções: 1

## Ingredientes:

1 colher de chá. azeite

1 colher de chá. manjericão fresco picado

1 tomate médio em cubos

¼ c. queijo suíço

2 ovos

½ colher de chá. Pimenta-caiena

½ c. espinafre embalado picado

## Indicações:

1. Em uma tigela pequena, bata bem os ovos, o manjericão, a pimenta e o queijo suíço.

2. Leve uma frigideira média ao fogo médio e aqueça o óleo.

3. Junte o tomate e refogue por 3 minutos. Junte o espinafre e cozinhe por 2 minutos ou até começar a murchar.

4. Despeje os ovos batidos e misture por 2 a 3 minutos ou até o ponto desejado.

5. Divirta-se.

Informação nutricional:Calorias: 230, Gordura: 14,3 g, Carboidratos: 8,4 g, Proteína: 17,9

## Smoothie tropical de cenoura, gengibre e açafrão

## Porções: 1

Tempo de cozimento: 0 minutos

## Ingredientes:

1 laranja sanguínea, descascada e sem sementes

1 cenoura grande, descascada e picada

½ xícara de pedaços de manga congelada

2/3 xícara de água de coco

1 colher de sopa de sementes de cânhamo cruas

¾ colher de chá de gengibre ralado

1 ½ colher de chá de cúrcuma descascada e ralada

Uma pitada de pimenta caiena

Uma pitada de sal

## *Indicações:*

1. Coloque todos os ingredientes no liquidificador e bata até ficar homogêneo.

2. Deixe esfriar antes de servir.

<u>Informação nutricional:</u>Calorias 259 Gordura total 6g Gordura saturada 0,9g Carboidratos totais 51g Carboidratos líquidos 40g Proteína 7g Açúcar: 34g Fibra: 11g Sódio: 225mg Potássio 1319mg

# Torrada francesa com canela e baunilha

## Porções: 4

## Ingredientes:

½ colher de chá. canela

3 ovos grandes

1 colher de chá. baunilha

8 fatias de pão integral

2 colheres de sopa. Leite com baixo teor de gordura

## Indicações:

1. Primeiro, pré-aqueça uma chapa a 3500F.

2. Combine a baunilha, os ovos, o leite e a canela em uma tigela pequena e bata até ficar homogêneo.

3. Despeje em um prato ou assadeira de fundo plano.

4. Na mistura de ovos, mergulhe o pão, vire para cobrir os dois lados e coloque na chapa quente.

5. Cozinhe por cerca de 2 minutos ou até que o fundo esteja levemente dourado, depois vire e cozinhe o outro lado também.

Informação nutricional:Calorias: 281,0, Gordura: 10,8 g, Carboidratos: 37,2 g, Proteína: 14,5 g, Açúcares: 10 g, Sódio: 390 mg.

## *delicioso peru*

## Porções: 4

Tempo de cozimento: 15 minutos

## Ingredientes:

1 libra de peru moído

½ colher de chá de tomilho seco

1 colher de sopa de óleo de coco, derretido

½ colher de chá de canela em pó

Para o hash:

1 cebola amarela, picada

1 colher de sopa de óleo de coco, derretido

1 abobrinha picada

½ xícara de cenoura ralada

2 xícaras de abobrinha, em cubos

1 maçã, sem caroço, descascada e cortada em cubos

2 xícaras de espinafre baby

1 colher de chá de gengibre moído

1 colher de chá de canela em pó

½ colher de chá de alho em pó

½ colher de chá de açafrão em pó

½ colher de chá de tomilho seco

## *Indicações:*

1. Aqueça uma frigideira com 1 colher de sopa de óleo de coco em fogo médio-alto. Adicione o peru, 1/2 colher de chá de tomilho e 1/2 colher de chá de canela em pó. Mexa e cozinhe por 5 minutos, depois transfira para uma tigela. Reaqueça a frigideira com 1 colher de sopa de óleo de coco em fogo médio-alto. Adicione a cebola, mexa e cozinhe por 2 minutos. Adicione a abobrinha, cenoura, abóbora, maçã, gengibre, 1 colher de chá de canela, ½

colher de chá de tomilho, açafrão e alho em pó. Mexa e cozinhe por 3-4

minutos. Retorne a carne para a panela, adicione o espinafre também. Mexa e cozinhe por mais 1-2 minutos, depois divida entre os pratos e sirva no café da manhã.

2. Divirta-se!

Informação nutricional:calorias 212, gordura 4, fibra 6, carboidratos 8, proteína 7

## Espaguete com Queijo, Manjericão e Pesto

## Porções: 2

Tempo de cozimento: 35 minutos

## Ingredientes:

1 xícara de espaguete cozido, escorrido

Sal e pimenta-do-reino moída na hora a gosto ½ colher (sopa) de azeite

¼ xícara de queijo cottage, sem açúcar

2 onças de mussarela fresca, em cubos

1/8 xícara de pesto de manjericão

## Indicações:

1. Ligue o forno, ajuste a temperatura para 375°F e deixe pré-aquecer.

2. Enquanto isso, pegue uma tigela média, adicione o espaguete e tempere com sal e pimenta-do-reino.

3. Pegue uma assadeira, unte com azeite, acrescente a mistura de abóbora, decore com ricota e mussarela e leve ao forno por 10

minutos até ficar cozido.

4. Quando terminar, retire o prato do forno, polvilhe com pesto e sirva imediatamente.

Informação nutricional:Calorias 169, gordura total 11,3 g, carboidratos totais 6,2 g, proteína 11,9 g, açúcar 0,1 g, sódio 217 mg

# Smoothie de laranja e pêssego

## Porções: 2

## Ingredientes:

2 c. pêssegos picados

2 colheres de sopa. iogurte sem açúcar

Sumo de 2 laranjas

## Indicações:

1. Comece por retirar as sementes e a pele aos pêssegos. Pique e deixe alguns pedaços de pêssego para decorar.

2. Coloque o pêssego picado, o suco de laranja e o iogurte no liquidificador e bata até ficar homogêneo.

3. Você pode adicionar água para diluir o smoothie, se quiser.

4. Despeje em copos de vidro e divirta-se!

Informação nutricional: Calorias: 170, Gordura: 4,5 g, Carboidratos: 28 g, Proteína: 7 g, Açúcares: 23 g, Sódio: 101 mg

## Muffins de Banana e Manteiga de Amêndoa

## Porções: 6

Tempo de cozimento: 30 minutos

## Ingredientes:

Aveia - 1 xícara

Sal marinho - 0,25 colher de chá

Canela moída - 0,5 colher de chá

Fermento em pó - 1 colher de chá

Manteiga de amêndoa - 0,75 xícara

Banana amassada - 1 xícara

Leite de amêndoa, sem açúcar - 0,5 colher de sopa

Extrato de baunilha - 2 colheres de chá

Ovos - 2

Adoçante Lakanto Monk Fruit - 0,25 xícara

## *Indicações:*

1. Aqueça o forno a 350 graus Fahrenheit e forre uma forma de muffin com forminhas de papel ou unte se preferir.

2. Em uma tigela de cozinha, misture o purê de banana com a manteiga de amêndoa, leite de amêndoa sem açúcar, ovos, extrato de baunilha e adoçante de monge. Em uma assadeira separada, misture a farinha de aveia, as especiarias e o fermento em pó. Assim que a mistura de farinha estiver completamente combinada, despeje-a na tigela com o purê de banana e misture a mistura de manteiga de amêndoa/banana e a mistura de aveia até misturar bem.

3. Divida a massa do muffin entre as doze assadeiras, preenchendo cada cavidade do muffin cerca de três quartos. Coloque a Forma de Muffin de Banana com Manteiga de Amêndoa no centro do forno quente e deixe-os cozinhar até ficarem firmes e cozidos. Eles são feitos quando um palito é espetado por dentro e removido de forma limpa.

Isso deve levar de vinte a vinte e cinco minutos.

4. Deixe os Muffins de Banana e Manteiga de Amêndoa esfriarem antes de servir e aproveite.

## ricota inglesa

## Porções: 1

Tempo de cozimento: 0 minutos;

## Ingredientes:

6 colheres de sopa de ricota orgânica

3 colheres de sementes de linhaça

3 colheres de óleo de linhaça

2 colheres de sopa de manteiga de amêndoa crua orgânica

1 colher de sopa de carne de coco orgânico

1 colher de sopa de mel cru

¼ xícara de água

## Indicações:

1. Misture todos os ingredientes em uma tigela. Misture até ficar bem combinado.

2. Coloque em uma tigela e leve à geladeira antes de servir.

Informação nutricional: Calorias 632 Gordura total 49 g Gordura saturada 5 g Carboidratos totais 32 g Carboidratos líquidos 26 g Proteína 23 g Açúcar: 22 g Fibra: 6 g Sódio: 265 mg Potássio 533 mg

## Smoothie anti-inflamatório de espinafre e cereja Porções: 1

Tempo de cozimento: 0 minutos

## Ingredientes:

1 xícara de kefir simples

1 xícara de cerejas congeladas, sem caroço

½ xícara de folhas de espinafre baby

¼ xícara de abacate maduro amassado

1 colher de sopa de manteiga de amêndoa

1 pedaço de gengibre descascado (1/2 polegada)

1 colher de chá de sementes de chia

## Indicações:

1. Coloque todos os ingredientes no liquidificador.

2. Misture até ficar homogêneo.

3. Deixe esfriar na geladeira antes de servir.

Informação nutricional: Calorias 410 Gordura total 20 g Gordura saturada 4 g Carboidratos totais 47 g Carboidratos líquidos 37 g Proteína 17 g Açúcar: 33 g Fibra: 10 g Sódio: 169 mg Potássio 1163 mg

## Shakshuka Picante

## Porções: 4

Tempo de cozimento: 37 minutos

## Ingredientes:

2 colheres de sopa de azeite extra virgem

1 bulbo de cebola, picado

1 jalapeño, sem sementes e picado

2 dentes de alho, picados

1 libra de espinafre

Sal e pimenta-do-reino moída na hora

¾ colher de chá de coentro

1 colher de chá de cominhos secos

2 colheres de sopa de pasta de harissa

½ xícara de caldo de legumes

8 unidades de ovos grandes

Flocos de pimenta vermelha, para servir

Coentro picado para servir

Salsinha picada para servir

## *Indicações:*

1. Pré-aqueça o forno a 350°F.

2. Aqueça o óleo em uma frigideira que possa ir ao forno em fogo médio. Incorpore a cebola e refogue por 5 minutos.

3. Adicione o jalapeño e o alho e refogue por um minuto ou até dourar. Adicione o espinafre e cozinhe por 5 minutos ou até que as folhas estejam completamente murchas.

4. Tempere a mistura com sal e pimenta, coentros, cominhos e harissa. Cozinhe mais por 1 minuto.

5. Transfira a mistura para o processador de alimentos: bata até engrossar. Despeje o caldo e bata mais até ficar homogêneo.

6. Limpe e unte a mesma forma com spray antiaderente.

Despeje a mistura de purê. Usando uma colher de pau, forme oito poços circulares.

7. Quebre delicadamente cada ovo nos poços. Coloque a panela no forno—

Cozinhe por 25 minutos ou escalfe os ovos até ficarem completamente firmes.

8. Para servir, polvilhe o shakshuka com flocos de pimenta vermelha, coentro e salsa a gosto.

Informação nutricional:Calorias 251 Gordura: 8,3 g Proteína: 12,5 g Sódio: 165 mg Carboidratos totais: 33,6 g

## Leite Dourado por 5 minutos

## Porções: 1

Tempo de cozimento: 5 minutos

## Ingredientes:

1 1/2 xícaras de leite de coco light

1 1/2 xícaras de leite de amêndoa sem açúcar

1 1/2 colher de chá de açafrão moído

1/4 colher de chá de gengibre moído

1 pau de canela inteiro

1 colher de óleo de coco

1 pitada de pimenta preta moída

Adoçante de sua preferência (ou seja, açúcar de coco, xarope de bordo ou estévia a gosto)

## *Indicações:*

1. Adicione o leite de coco, açafrão moído, leite de amêndoa, gengibre moído, pau de canela, óleo de coco, pimenta-do-reino e seu adoçante favorito em uma panela pequena.

2. Bata para misturar em fogo médio e reaqueça. Aqueça ao toque até ficar quente, mas não fervendo - cerca de 4 minutos - mexendo regularmente.

3. Desligue o fogo e prove para mudar o sabor. Para especiarias fortes +

a gosto, adicione mais adoçante a gosto, ou mais açafrão ou gengibre.

4. Sirva imediatamente, parta entre dois copos e deixe o pau de canela para trás. Melhor fresco, embora as sobras possam ser armazenadas 2-3 dias na geladeira. Aqueça até a temperatura no fogão ou no microondas.

Informação nutricional:Calorias 205 Gordura: 19,5 g Sódio: 161 mg Carboidratos: 8,9 g Fibra: 1,1 g Proteína: 3,2 g

## Aveia simples no café da manhã

## Porções: 1

Tempo de cozimento: 8 minutos

## Ingredientes:

2/3 xícara de leite de coco

1 clara de ovo, criado a pasto

½ xícara de aveia de cozimento rápido sem glúten

½ colher de chá de açafrão em pó

½ colher de chá de canela

¼ colher de chá de gengibre

## Indicações:

1. Coloque o leite não lácteo em uma panela e aqueça em fogo médio.

2. Incorpore a clara de ovo e continue batendo até a mistura ficar homogênea.

3. Adicione o restante dos ingredientes e cozinhe por mais 3 minutos.

Informação nutricional: Calorias 395 Gordura total 34 g Gordura saturada 7 g Carboidratos totais 19 g Carboidratos líquidos 16 g Proteína 10 g Açúcar: 2 g Fibra: 3 g Sódio: 76 mg Potássio 459 mg

# rosquinhas de proteína de cúrcuma

## Porções: 8

Tempo de cozimento: 0 minutos

## Ingredientes:

1 1/2 xícaras de castanha de caju crua

½ xícara de tâmaras medjool sem caroço

1 colher de sopa de proteína de baunilha em pó

½ xícara de coco ralado

2 colheres de sopa de maple syrup

¼ colher de chá de extrato de baunilha

1 colher de chá de açafrão em pó

¼ xícara de chocolate amargo

## Indicações:

1. Misture todos os ingredientes, exceto o chocolate, em um processador de alimentos.

2. Misture até ficar homogêneo.

3. Enrole a massa em 8 bolas e pressione-as em uma forma de silicone para donuts.

4. Leve ao congelador por 30 minutos para firmar.

5. Enquanto isso, faça a cobertura de chocolate derretendo o chocolate em banho-maria.

6. Assim que os donuts estiverem solidificados, retire-os da forma e regue com o chocolate.

Informação nutricional:Calorias 320 Gordura total 26 g Gordura saturada 5 g Carboidratos totais 20 g Carboidratos líquidos 18 g Proteína 7 g Açúcar: 9 g Fibra: 2 g Sódio: 163

mg Potássio 297mg

## Cheddar Kale Frittata

## Porções: 6

## Ingredientes:

1/3 c. chalota fatiada

¼ colher de chá. Pimenta

1 pimenta vermelha em cubos

¾ c. leite desnatado

1 c. queijo cheddar com baixo teor de gordura picado

1 colher de chá. azeite

5 onças. couve e espinafre

12 ovos

## Indicações:

1. Pré-aqueça o forno a 375 °F.

2. Unte uma assadeira de vidro com azeite.

3. Em uma tigela, bata bem todos os ingredientes, exceto o queijo.

4. Despeje a mistura de ovos no prato preparado e cozinhe por 35 minutos.

5. Retire do forno e polvilhe com queijo e grelhe por 5 minutos.

6. Retire do forno e deixe descansar por 10 minutos.

7. Corte e aproveite.

Informação nutricional:Calorias: 198, Gordura: 11,0 g, Carboidratos: 5,7 g, Proteína: 18,7 g, Açúcares: 1 g, Sódio: 209 mg.

## omelete mediterrânea

## Porções: 6

Tempo de cozimento: 20 minutos

## Ingredientes:

Ovos, você é

Feta, esfarelado, um quarto de xícara

Pimenta preta, um quarto de colher de chá

Óleo, spray ou azeitona

Orégano, uma colher de chá

Leite, amêndoas ou coco, um quarto de xícara

Sal marinho, uma colher de chá

Azeitonas pretas picadas, um quarto de xícara

Azeitonas verdes, picadas, um quarto de xícara

Tomates, cubos, um quarto de xícara

## *Indicações:*

1. Aqueça o forno a 400. Unte uma assadeira de 20 por 20 cm.

Misture o leite com os ovos, depois acrescente os demais ingredientes. Despeje toda essa mistura na assadeira e leve ao forno por vinte minutos.

Informação nutricional:Calorias 107 açúcares 2 gramas de gordura 7 gramas de carboidratos 3

gramas de proteína 7 gramas

## Porções de Trigo Sarraceno Canela Gengibre

## Porções: 5

Tempo de cozimento: 40 minutos

## Ingredientes:

¼ xícara de sementes de chia

½ xícara de flocos de coco

1 1/2 xícaras de nozes cruas misturadas

2 xícaras de aveia sem glúten

1 xícara de trigo sarraceno

2 colheres de sopa de manteiga de amendoim

4 colheres de óleo de coco

1 xícara de sementes de girassol

½ xícara de sementes de abóbora

1 1/2 - 2 polegadas de gengibre

1 colher de chá de canela em pó

1/3 xícara de xarope de malte de arroz

4 colheres de sopa de cacau cru em pó - Opcional

## *Indicações:*

1. Pré-aqueça o forno a 180°C

2. Bata as nozes no processador de alimentos e misture rapidamente para picar grosseiramente. Coloque as nozes picadas em uma tigela e acrescente todos os outros ingredientes secos misturando bem: aveia, coco, canela, trigo sarraceno, sementes e sal em uma panela em fogo baixo, derreta delicadamente o óleo de coco.

3. Adicione o cacau em pó (se estiver usando) à mistura úmida e misture. Despeje a massa molhada sobre a mistura seca e misture bem para garantir que tudo esteja coberto. Transfira a mistura para uma assadeira grande forrada com papel manteiga untado ou óleo de coco. Certifique-se de espalhar a mistura uniformemente por 35 a 40 minutos, virando a mistura na metade. Asse até que a granola esteja crocante e dourada!

4. Sirva com seu leite de nozes favorito, uma colher de iogurte de coco, frutas frescas e superalimentos: goji berries, linhaça, pólen de abelha, o que você quiser! Misture todos os dias.

Informação nutricional:Calorias 220 Carboidratos: 38g Gordura: 5g Proteína: 7g

## *panquecas de coentro*

## Porções: 6

Tempo de cozimento: 6-8 minutos

## Ingredientes:

½ xícara de farinha de tapioca

½ xícara de farinha de amêndoa

½ colher de chá de pimenta em pó

¼ colher de chá de açafrão moído

Sal e pimenta-do-reino moída na hora a gosto 1 xícara de leite de coco integral

½ cebola roxa picada

1 pedaço (½ polegada) de gengibre fresco, ralado finamente 1 pimenta serrano picada

½ xícara de coentro fresco, picado

Óleo como requerido

## Indicações:

1. Em uma tigela grande, misture as farinhas e os temperos.

2. Adicione o leite de coco e misture até ficar homogêneo.

3. Junte a cebola, o gengibre, a pimenta serrano e o coentro.

4. Unte levemente uma frigideira antiaderente grande com óleo e aqueça em fogo médio-baixo.

5. Adicione cerca de ¼ xícara da mistura e incline a panela para distribuí-la uniformemente dentro da panela.

6. Cozinhe por cerca de 3-4 minutos em ambos os lados.

7. Repita com toda a mistura restante.

8. Sirva junto com a cobertura desejada.

Informação nutricional: Calorias: 331, Gordura: 10g, Carboidratos: 37g, Fibra: 6g, Proteína: 28g

## Smoothie de toranja e framboesa Porções: 1

Tempo de cozimento: 0 minutos

## Ingredientes:

Suco de 1 toranja espremida na hora

1 banana descascada e fatiada

1 xícara de framboesas

## Indicações:

1. Coloque todos os ingredientes no liquidificador e bata até ficar homogêneo.

2. Deixe esfriar antes de servir.

<u>Informação nutricional:</u>Calorias 381 Gordura total 0,8 g Gordura saturada 0,1 g Carboidratos totais 96 g Carboidratos líquidos 85 g Proteína 4 g Açúcar: 61 g Fibra: 11 g Sódio: 11 mg Potássio 848 mg

## Porções de Granola de Manteiga de Amendoim

## Porções: 8

Tempo de cozimento: 25 minutos

## Ingredientes:

Aveia em flocos - 2 xícaras

Canela - 0,5 colher de chá

Manteiga de amendoim, natural com sal - 0,5 xícara

Pasta de tâmaras - 1,5 colheres de sopa

Pepitas de chocolate amargo de Lily - 0,5 xícara

## Indicações:

1. Aqueça o forno a 300 graus Fahrenheit e forre uma assadeira com pergaminho ou tapete de silicone.

2. Em uma tigela, misture a pasta de tâmaras, a canela e a manteiga de amendoim para combinar e, em seguida, adicione a aveia, mexendo até que a aveia esteja completamente revestida. Espalhe esta mistura adoçada e temperada uniformemente na assadeira em uma camada fina.

3. Leve ao forno a granola de pasta de amendoim e leve ao forno durante vinte minutos, mexendo bem a meio da cozedura para evitar uma cozedura desigual e que queime.

4. Retire a granola do forno e deixe esfriar em temperatura ambiente antes de adicionar as gotas de chocolate. Transfira a granola de manteiga de amendoim para um recipiente hermético para armazenar até que esteja pronto para uso.

## Ovos mexidos assados com açafrão Porções: 6

Tempo de cozimento: 15 minutos

## Ingredientes:

8 a 10 ovos grandes criados em pasto

½ xícara de leite de amêndoa ou coco sem açúcar

½ colher de chá de açafrão em pó

1 colher de chá de coentro picado

¼ colher de chá de pimenta preta

Uma pitada de sal

## Indicações:

1. Pré-aqueça o forno a 3500F.

2. Unte uma panela ou refratário.

3. Em uma tigela, bata o ovo, o leite, o açafrão em pó, a pimenta-do-reino e o sal.

4. Despeje a mistura de ovos na panela.

5. Leve ao forno e cozinhe por 15 minutos ou até que os ovos estejam firmes.

6. Retire do forno e decore com coentros picados.

Informação nutricional:Calorias 203 Gordura Total 16 g Gordura Saturada 4 g Carboidratos Totais 5 g Carboidratos Líquidos 4 g Proteína 10 g Açúcar: 4 g Fibra: 1 g Sódio: 303

mg Potássio 321 mg

## Porção de farelo de chia e aveia no café da manhã: Porção: 2

## Ingredientes:

85 g de amêndoa torrada picada

340 g de leite de coco

30 g de açúcar mascavo

2½ g de raspas de laranja

30 g de mistura de linhaça

170 g de aveia em flocos

340 g de mirtilos

30 g de sementes de chia

2½ g de canela

## Indicações:

1. Juntar todos os ingredientes húmidos e misturar o açúcar e o leite com as raspas de laranja.

2. Incorpore a canela e misture bem. Quando tiver certeza de que o açúcar não está empelotado, adicione a aveia em flocos, a linhaça e a chia e deixe descansar por um minuto.

3. Pegue duas tigelas ou potes de vidro e despeje a mistura neles. Complete com as amêndoas torradas e reserve na geladeira.

4. Retire-o de manhã e coma!

<u>Informação nutricional:</u>Calorias: 353, Gordura: 8 g, Carboidratos: 55 g, Proteína: 15 g, Açúcares: 9,9 g, Sódio: 96 mg

# Muffins de ruibarbo, maçã e gengibre

## Porções: 8

Tempo de cozimento: 30 minutos

## Ingredientes:

1/2 colher de chá de canela em pó

1/2 colher de chá de gengibre moído

uma pitada de sal

1/2 xícara de farinha de amêndoa (amêndoas moídas)

1/4 xícara de açúcar bruto não refinado

2 colheres de sopa de gengibre cristalizado finamente picado

1 colher de sopa de farinha de linhaça moída

1/2 xícara de farinha de trigo

1/4 xícara de farinha de arroz integral fina

60ml de azeite

1 ovo caipira grande

1 colher de chá de extrato de baunilha

2 colheres de fubá orgânico ou araruta 2 colheres de chá de fermento em pó sem glúten

1 xícara de ruibarbo finamente fatiado

1 maçã pequena, descascada e cortada em cubos

95 ml (1/3 xícara + 1 colher de sopa) de arroz ou leite de amêndoa<u>Indicações:</u>

1. Pré-aqueça o forno a 180° C / 350° C. Unte com manteiga ou forre 8 forminhas de muffin de 1/3 xícara (80 mL) com tampa de papel.

2. Em uma tigela média, misture a farinha de amêndoa, o gengibre, o açúcar e as sementes de linhaça. Peneire o fermento, as farinhas e os temperos e misture bem. Na mistura de farinha, bata o ruibarbo e a maçã para revestir.

3. Bata o leite, o açúcar, o ovo e a baunilha em outra tigela menor antes de despejá-los na mistura seca e mexer até ficar bem misturado.

4. Divida a massa uniformemente entre as assadeiras/recipientes de papel e asse por 20 minutos a 25 minutos ou até levantar, dourado nas bordas.

5. Retire e reserve por 5 minutos antes de transferir para uma gradinha para esfriar ainda mais.

6. Coma quente ou em temperatura ambiente.

Informação nutricional: Calorias 38 Carboidratos: 9 g Gordura: 0 g Proteína: 0 g

## Cereais e frutas no café da manhã

## Porções: 6

## Ingredientes:

1 c. passas de uva

¾ c. arroz integral de cozimento rápido

1 maçã Granny Smith

1 laranja

8 onças. iogurte de baunilha com baixo teor de gordura

3 c. cachoeira

¾ c. bulgur

1 deliciosa maçã vermelha

## Indicações:

1. Em fogo alto, coloque uma panela grande e leve a água para ferver.

2. Adicione o bulgur e o arroz. Abaixe o fogo para ferver e cozinhe tampado por dez minutos.

3. Desligue o fogo e reserve por 2 minutos com a panela tampada.

4. Em uma assadeira, transfira e espalhe os grãos uniformemente para esfriar.

5. Entretanto, descasque as laranjas e corte-as às rodelas. Corte e tire o miolo das maçãs.

6. Depois que o cereal estiver frio, transfira-o para uma tigela grande junto com as frutas.

7. Adicione o iogurte e misture bem para cobrir.

8. Sirva e aproveite.

Informação nutricional:Calorias: 121, Gordura: 1 g, Carboidratos: 24,2 g, Proteína: 3,8 g, Açúcares: 4,2 g, Sódio: 500 mg

## Bruschetta com tomate e manjericão

## Porções: 8

## Ingredientes:

½ c. manjericão picado

2 dentes de alho picados

1 colher de sopa. vinagre balsâmico

2 colheres de sopa. Azeite

½ colher de chá. pimenta preta rachada

1 baguete integral fatiada

8 tomates italianos maduros em cubos

1 colher de chá. sal marinho

## Indicações:

1. Primeiro, pré-aqueça o forno a 375 F.

2. Numa tigela, pique os tomates, misture o vinagre balsâmico, o manjericão picado, os alhos, o sal, a pimenta e o azeite e reserve.

3. Corte a baguete em 16-18 fatias e coloque-a em uma assadeira para assar por cerca de 10 minutos.

4. Sirva com fatias de pão quentinho e aproveite.

5. Para sobras, guarde em um recipiente hermético e leve à geladeira.

Experimente colocá-los no frango grelhado, é incrível!

<u>Informação nutricional:</u>Calorias: 57, Gordura: 2,5 g, Carboidratos: 7,9 g, Proteína: 1,4 g, Açúcares: 0,2 g, Sódio: 261 mg

## Panquecas de Coco e Canela

## Porções: 2

Tempo de cozimento: 18 minutos

## Ingredientes:

2 ovos orgânicos

1 colher de sopa de farinha de amêndoa

2 onças de queijo creme

¼ xícara de coco ralado e mais para enfeitar ½ colher de sopa de eritritol

1/8 colher de chá de sal

1 colher de chá de canela

4 colheres de sopa de estévia

½ colher de sopa de azeite

## Indicações:

1. Quebre os ovos em uma tigela, bata até ficarem macios e acrescente a farinha e o cream cheese até ficar homogêneo.

2. Adicione os ingredientes restantes e misture bem.

3. Pegue uma frigideira, leve ao fogo médio, unte com óleo, despeje metade da massa e cozinhe por 3-4 minutos de cada lado até que a panqueca esteja cozida e dourada.

4. Transfira a panqueca para um prato e cozinhe outra panqueca da mesma forma usando a massa restante.

5. Polvilhe o coco sobre as panquecas cozidas e sirva.

<u>Informação nutricional:</u>Calorias 575, Gordura Total 51g, Carboidratos Totais 3,5g, Proteína 19g

## Avelã Cranberry Banana Aveia: Porções: 6

Tempo de cozimento: 2 horas

## Ingredientes:

1/4 xícara de amêndoas (torradas)

1/4 xícara de nozes

1/4 xícara de pecans

2 colheres de sopa de linhaça moída

1 colher de chá de gengibre moído

1 colher de chá de canela

1/4 colher de chá de sal marinho

2 colheres de açúcar de coco

½ colher de chá de fermento em pó

2 xícaras de leite

2 bananas

1 xícara de mirtilos frescos

1 colher de sopa de maple syrup

1 colher de chá de extrato de baunilha

1 colher de sopa de manteiga derretida

iogurte para servir

## *Indicações:*

1. Em uma tigela grande, adicione as nozes, linhaça, fermento em pó, especiarias e açúcar de coco e misture.

2. Em outra tigela, bata os ovos, o leite, o maple syrup e o extrato de baunilha.

3. Corte as bananas ao meio e coloque-as na panela de cozimento lento com os mirtilos.

4. Adicione a mistura de aveia e despeje sobre a mistura de leite.

5. Regue com manteiga derretida,

6. Cozinhe o fogão lento em fogo baixo por 4 horas ou em fogo alto por 4 horas. Cozinhe até que o líquido seja absorvido e a aveia esteja dourada.

7. Sirva quente e cubra com iogurte grego natural.

Informação nutricional:Calorias 346 mg Gordura Total: 15 g Carboidratos: 45 g Proteína: 11 g Açúcares: 17 g Fibra 7 g Sódio: 145 mg Colesterol: 39 mg

## Torradas com ovo escalfado e salmão

## Porções: 2

Tempo de cozimento: 4 minutos

## Ingredientes:

Pão integral, duas fatias de centeio ou suco de limão torrado, um quarto de colher de chá

Abacate, duas colheres de purê de batata

Pimenta preta, um quarto de colher de chá

Ovos, dois escalfados

Salmão, defumado, quatro onças

Chalotas, uma colher de sopa em fatias finas

Sal, uma oitava colher de chá

## Indicações:

1. Adicione o suco de limão ao abacate com pimenta e sal. Espalhe a mistura de abacate nas fatias de pão torrado. Coloque o salmão fumado sobre a torrada e decore com um ovo escalfado. Cubra com a chalota fatiada.

Informação nutricional: Calorias 389 gordura 17,2 gramas de proteína 33,5 gramas de carboidratos 31,5 gramas de açúcar 1,3 gramas de fibra 9,3 gramas

## Pudim com sementes de chia e canela

## Porções: 2

Tempo de cozimento: 0 minutos

## Ingredientes:

Sementes de chia, quatro colheres de sopa

Manteiga de amêndoa, uma colher de sopa

Leite de coco, três quartos de xícara

Canela, uma colher de chá

Baunilha, uma colher de chá

Café gelado, três quartos de xícara

## Indicações:

1. Combine todos os fixadores firmemente e despeje em um recipiente seguro para geladeira. Cubra bem e deixe na geladeira durante a noite.

Informação nutricional:Calorias 282 carboidratos 5 gramas de proteína 5,9 gramas de gordura 24

gramas

## ovos e queijo

## Porções: 1

## Ingredientes:

¼ c. Tomate picado

1 clara de ovo

1 cebola verde picada

2 colheres de sopa. Leite desnatado

1 fatia de pão integral

1 ovo

½ onça. queijo cheddar ralado com baixo teor de gordura

## Indicações:

1. Misture o ovo e as claras em uma tigela e acrescente o leite.

2. Mexa a mistura em uma panela antiaderente até que os ovos estejam bem cozidos.

3. Enquanto isso toste o pão.

4. Despeje a mistura de ovos mexidos sobre a torrada e cubra com o queijo até derreter.

5. Adicione a cebola e o tomate.

<u>Informação nutricional:</u>Calorias: 251, Gordura: 11,0 g, Carboidratos: 22,3 g, Proteína: 16,9

g, Açúcares: 1,8 g, Sódio: 451 mg

# Hash Browns Tex-Mex

## Porções: 4

Tempo de cozimento: 30 minutos

## Ingredientes:

1 1/2 libras de batatas, em cubos

1 colher de sopa de azeite

Pimenta conforme necessário

1 cebola, picada

1 pimenta vermelha, picada

1 jalapeno, cortado em rodelas

1 colher de chá de óleo

½ colher de chá de cominho moído

1/2 colher de chá de mistura de tempero para taco

## Indicações:

1. Pré-aqueça a fritadeira a 320 graus F.

2. Misture as batatas em 1 colher de sopa de óleo.

3. Tempere com pimenta.

4. Transfira para a cesta da fritadeira.

5. Frite por 20 minutos, agitando duas vezes durante o cozimento.

6. Combine os ingredientes restantes em uma tigela.

7. Adicione à fritadeira.

8. Misture bem.

9. Asse a 356 graus F por 10 minutos.

## Shirataki com Abacate e Creme

## Porções: 2

Tempo de cozimento: 6 minutos

## Ingredientes:

½ pacote de macarrão shirataki, cozido

½ abacate

½ colher de chá de pimenta-do-reino moída

½ colher de chá de sal

½ colher de chá de manjericão seco

1/8 xícara de creme

## Indicações:

1. Leve ao fogo médio uma panela média com água até a metade, deixe ferver, acrescente o macarrão e cozinhe por 2 minutos.

2. Em seguida, escorra o macarrão e reserve até que seja necessário.

3. Coloque o abacate em uma tigela, amasse com um garfo, 4. Amasse o abacate em uma tigela, transfira para o liquidificador, acrescente os demais ingredientes e bata até ficar homogêneo.

5. Pegue uma frigideira, leve ao fogo médio e quando estiver bem quente, acrescente o macarrão, despeje a mistura de abacate, misture bem e cozinhe por 2

minutos até ficar bem quente.

6. Sirva imediatamente.

<u>Informação nutricional:</u>Calorias 131, Gordura Total 12,6g, Carboidratos Totais 4,9g, Proteína 1,2g, Açúcar 0,3g, Sódio 588mg

## *Deliciosas porções de mingau*

## *Porções: 2*

Tempo de cozimento: 30 minutos

## **Ingredientes:**

½ xícara de água

1 xícara de leite de amêndoa, sem açúcar

½ xícara de amaranto

1 pêra, descascada e cortada em cubos

½ colher de chá de canela em pó

¼ colher de chá de gengibre fresco ralado

Uma pitada de noz-moscada em pó

1 colher de chá de maple syrup

2 colheres de nozes picadas

## *Indicações:*

1. Coloque a água e o leite de amêndoa em uma panela, leve ao fogo médio, acrescente o amaranto, mexa e cozinhe por 20 minutos.

Adicione a pêra, canela, gengibre, noz-moscada e xarope de bordo e misture.

Cozinhe por mais 10 minutos, divida em tigelas e sirva com as nozes polvilhadas por cima.

2. Divirta-se!

Informação nutricional:calorias 199, gordura 9, fibra 4, carboidratos 25, proteína 3

## Panquecas de farinha de amêndoa com queijo creme

## Porções: 2

Tempo de cozimento: 18 minutos

## Ingredientes:

½ xícara de farinha de amêndoa

1 colher de chá de eritritol

½ colher de chá de canela

2 onças de queijo creme

2 ovos orgânicos

1 colher de sopa de manteiga sem sal

## Indicações:

1. Prepare a massa de panqueca e, para isso, coloque a farinha no liquidificador, acrescente os demais ingredientes e bata por 2 minutos até ficar homogêneo.

2. Despeje a massa em uma tigela e deixe descansar por 3 minutos.

3. Em seguida, pegue uma frigideira grande, leve ao fogo médio, acrescente a manteiga e, quando estiver derretida, despeje ¼ da massa de panqueca preparada.

4. Espalhe a massa uniformemente na frigideira, cozinhe por 2 minutos de cada lado até dourar e depois transfira a panqueca para um prato.

5. Cozinhe mais três panquecas da mesma forma com a restante massa e, depois de cozidas, sirva as panquecas com os seus frutos silvestres preferidos.

Informação nutricional:Calorias 170, Gordura Total 14,3g, Carboidratos Totais 4,3, Proteína 6,9g, Açúcar 0,2g, Sódio 81mg

## Muffins de Queijo com Sementes de Linhaça e Sementes de Cânhamo Porções: 2

Tempo de cozimento: 30 minutos

## Ingredientes:

1/8 xícara de farinha de linhaça

¼ xícara de sementes de cânhamo cruas

¼ xícara de farinha de amêndoa

sal a gosto

¼ colher de chá de fermento em pó

3 ovos orgânicos batidos

1/8 xícara de flocos de levedura nutricional

¼ xícara de queijo cottage, baixo teor de gordura

¼ xícara de parmesão ralado

¼ xícara de chalotas, em fatias finas

1 colher de sopa de azeite

## *Indicações:*

1. Ligue o forno, ajuste-o para 360 ° F e deixe pré-aquecer.

2. Enquanto isso, pegue dois ramequins, unte-os com óleo e reserve até que seja necessário.

3. Pegue uma tigela média, adicione as sementes de linho, as sementes de cânhamo e a farinha de amêndoa e adicione sal e fermento até ficar homogêneo.

4. Quebre os ovos em outra tigela, acrescente o fermento em pó, a ricota e o parmesão, misture bem até incorporar, em seguida, misture a mistura na mistura de farinha de amêndoa até incorporar.

5. Adicione as chalotas, distribua a mistura entre os ramequins preparados e leve ao forno por 30 minutos até que os muffins estejam firmes e os topos dourados.

6. Quando terminar, retire os muffins das formas e deixe-os esfriar completamente sobre uma grade.

7. Para preparar a refeição, embrulhe cada muffin em papel toalha e leve à geladeira por até trinta e quatro dias.

8. Quando estiver pronto para comer, aqueça os muffins no micro-ondas até ficarem mornos e sirva em seguida.

Informação nutricional: Calorias 179, Gordura Total 10,9g, Carboidratos Totais 6,9g, Proteína 15,4g, Açúcar 2,3g, Sódio 311mg

# Waffles de couve-flor com queijo e cebolinha

## Porções: 2

Tempo de cozimento: 15 minutos

## Ingredientes:

1 xícara de floretes de couve-flor

1 colher de cebolinha picada

½ colher de chá de pimenta-do-reino moída

1 colher de chá de cebola em pó

1 colher de chá de alho em pó

1 xícara de mussarela ralada

½ xícara de parmesão ralado

2 ovos orgânicos batidos

1 colher de sopa de azeite

## Indicações:

1. Ligue a máquina de waffle, unte com óleo e deixe pré-aquecer.

2. Enquanto isso, prepare a massa do waffle e, para isso, coloque todos os ingredientes em uma tigela e bata até misturar bem.

3. Despeje metade da massa na forma de waffle quente, feche a tampa e cozinhe até dourar.

4. Retire o waffle e asse outro waffle da mesma forma usando a massa restante.

5. Para preparar a refeição, coloque os waffles em um recipiente hermético, separe-os com papel manteiga e guarde por até quatro dias.

Informação nutricional:Calorias 149, Gordura Total 8,5g, Carboidratos Totais 6,1g, Proteína 13,3g, Açúcar 2,3g, Sódio 228mg

# Sanduíches de café da manhã

## Porções: 1

Tempo de cozimento: 7 minutos

## Ingredientes:

1 café da manhã congelado

## Indicações:

1. Frite o sanduíche a 340 graus F por 7 minutos.

# Muffins vegetarianos salgados

## Porções: 5

Tempo de cozimento: 18-23 minutos

## Ingredientes:

¾ xícara de farinha de amêndoa

½ colher de chá de bicarbonato de sódio

¼ xícara de pó de concentrado de proteína de soro de leite

2 colheres de chá de endro fresco, picado

sal a gosto

4 ovos orgânicos grandes

1 ½ colher de sopa de levedura nutricional

2 colheres de chá de vinagre de maçã

3 colheres de sopa de suco de limão fresco

2 colheres de sopa de óleo de coco, derretido

1 xícara de manteiga de coco, amolecida

1 maço de chalotas, picadas

2 cenouras médias descascadas e raladas

½ xícara de salsa fresca picada

## Indicações:

1. Pré-aqueça o forno a 350 graus F. Unte 10 xícaras de sua forma grande de muffin.

2. Em uma tigela grande, misture a farinha, o bicarbonato de sódio, a proteína em pó e o sal.

3. Em outra tigela, adicione os ovos, o fermento nutricional, o vinagre, o suco de limão e o óleo e bata até misturar bem.

4. Adicione a manteiga de coco e bata até ficar homogêneo.

5. Adicione a mistura de ovos à mistura de farinha e misture bem.

6. Junte as chalotas, os carrés e a salsa.

7. Coloque uniformemente o amálgama nas forminhas de muffin preparadas.

8. Asse por aproximadamente 18-23 minutos ou até que um palito inserido no centro saia limpo.

Informação nutricional: Calorias: 378, Gordura: 13 g, Carboidratos: 32 g, Fibra: 11 g, Proteína: 32 g

## panquecas de abobrinha

## Porções: 8

Tempo de cozimento: 6-10 minutos

## Ingredientes:

1 xícara de farinha de grão de bico

1 1/2 xícaras de água, dividida

¼ colher de chá de sementes de cominho

¼ colher de chá de pimenta caiena

¼ colher de chá de açafrão moído

sal a gosto

½ xícara de abobrinha, ralada

½ xícara de cebola roxa, bem picada

1 malagueta verde, sem sementes e finamente picada

¼ xícara de coentro fresco, picado

## *Indicações:*

1. Em uma tigela grande, adicione a farinha e 3/4 de xícara de água e bata até ficar homogêneo.

2. Adicione a restante água e bata até obter um 3. Adicione a cebola, o gengibre, a pimenta serrano e os coentros.

4. Unte levemente uma frigideira antiaderente com óleo e aqueça em fogo médio-baixo.

5. Adicione cerca de ¼ xícara da mistura e incline a panela para distribuí-la uniformemente na panela.

6. Cozinhe por cerca de 4-6 minutos.

7. Mude cuidadosamente o lado e cozinhe por cerca de 2-4 minutos.

8. Repita enquanto usa a mistura restante.

9. Sirva com o enfeite desejado.

Informação nutricional:Calorias: 389, Gordura: 13g, Carboidratos: 25g, Fibra: 4g, Proteína: 21g

## Hambúrguer com ovo e abacate

## Porções: 1

Tempo de cozimento: 5 minutos

## Ingredientes:

1 abacate maduro

1 ovo criado a pasto

1 fatia de cebola roxa

1 fatia de tomate

1 folha de alface

Sementes de gergelim para decorar

sal a gosto

## Indicações:

1. Descasque o abacate e retire a semente. Corte o abacate ao meio. Isso servirá como um sanduíche. Pôr de lado.

2. Unte uma frigideira em fogo médio e frite o ovo por 5 minutos ou até ficar sólido.

3. Monte o hambúrguer de café da manhã colocando-o sobre uma metade de abacate com ovo, cebola roxa, tomate e folha de alface.

4. Cubra com o pão de abacate restante.

5. Decore com gergelim por cima e tempere com sal a gosto.

<u>Informação nutricional:</u>Calorias 458 Gordura total 39g Gordura saturada 4g Carboidratos totais 20g Carboidratos líquidos 6g, Proteína 13g Açúcar: 8g Fibra: 14g Sódio: 118mg Potássio 1184mg

## Espinafre saboroso e cremoso

## Porções: 2

Tempo de cozimento: 12 minutos

## Ingredientes:

½ xícara de farinha de amêndoa

½ colher de chá de alho em pó

½ colher de chá de sal

1 ovo orgânico

1 1/2 colheres de sopa de natas

¼ xícara de queijo feta, esfarelado

½ colher de sopa de azeite

## Indicações:

1. Ligue o forno, ajuste a temperatura para 350°F e deixe pré-aquecer.

2. Enquanto isso, prepare a massa de biscoito, para isso coloque todos os ingredientes no liquidificador e bata por 2 minutos até ficar homogêneo.

3. Prepare os biscoitos e, para isso, coloque a massa preparada em uma bancada de trabalho e modele bolinhas de 1 cm.

4. Pegue uma assadeira, unte com óleo, disponha sobre ela os biscoitos, a uma certa distância um do outro, e leve ao forno por 12 minutos até que estejam cozidos e bem dourados.

5. Quando estiverem prontos, deixe os biscoitos esfriarem na forma por 5 minutos, depois transfira-os para uma gradinha para esfriar completamente e sirva em seguida.

Informação nutricional:Calorias 294, Gordura Total 24g, Carboidratos Totais 7,8g, Proteína 12,2g, Açúcar 1,1g, Sódio 840mg

## Aveia Especial Maçã Canela

## Porções: 2

## Ingredientes:

1 maçã em cubos

2 colheres de sopa. sementes de chia

½ colher de sopa. canela em pó

½ colher de chá. Extrato de baunilha puro

1¼ c. leite desnatado

sal Kosher

1 c. aveia à moda antiga

2 colheres de chá. Mel

## Indicações:

1. Divida a aveia, sementes de chia ou linhaça moída, leite, canela, mel ou xarope de bordo, extrato de baunilha e sal em dois frascos de pedreiro.

Coloque as tampas firmemente por cima e agite até misturar completamente.

2. Retire as tampas e coloque metade da maçã em cubos em cada pote.

Polvilhe com mais canela, se desejar. Recoloque as tampas nos frascos e leve à geladeira por pelo menos 4 horas ou durante a noite.

3. Você pode armazenar aveia durante a noite em recipientes individuais na geladeira por até 3 dias.

Informação nutricional:Calorias: 339, Gordura: 8 g, Carboidratos: 60 g, Proteína: 13 g, Açúcares: 15 g, Sódio: 161 mg.

## Ovo e legumes (bomba anti-inflamatória)

## Porções: 4

Tempo de cozimento: 35 minutos

## Ingredientes:

Batatas novas, esquartejadas - 10 onças

Abobrinha picada - 1

Alho picado - 2 dentes

Pimenta vermelha picada - 1

Pimentão amarelo picado - 1

Cebola verde, picada - 2

Azeite extra virgem - 2 colheres de sopa

Sal marinho - 0,75 colher de chá

Flocos de pimenta vermelha - 0,5 colher de chá

Ovos, grandes - 4

Pimenta preta, moída - 0,25 colher de chá

## *Indicações:*

1. Ferva as batatas cortadas em quartos em uma panela grande com água e sal até ficarem macias, cerca de seis a oito minutos. Escorra-os descartando a água.

2. Adicione as batatas novas cortadas em quartos a uma frigideira grande junto com o pimentão, a abobrinha, o alho e o azeite. Polvilhe o tempero de hash de ovo por cima e deixe o hash refogar até que os legumes fiquem dourados, cerca de oito a dez minutos.

Certifique-se de mexer bem o hash a cada dois minutos para cozinhar uniformemente.

3. Uma vez que os vegetais estejam prontos, use uma colher para criar quatro crateras ou poços para os ovos entrarem. Quebre os ovos nas crateras, um ovo por cratera. Tampe a frigideira e deixe os ovos cozinharem até ficarem cozidos a seu gosto, cerca de 4 a 5 minutos.

4. Retirar do lume o tacho de legumes, polvilhar com a cebolinha e saborear o picadinho com os ovos ainda quente.